Mehr Ökumene wagen

Frère Alois · Siegfried Eckert

Mehr Ökumene wagen

Über Taizé, die Reformation
und gelebte Gemeinschaft

Bibliographische Information der Deutschen Nationalbibliothek
Die Deutsche Nationalbibliothek verzeichnet diese Publikation in der
Deutschen Nationalbibliographie; detaillierte bibliographische Daten
sind im Internet über http://dnb.dnb.de abrufbar.

Das Buch wurde auf alterungsbeständigem Papier gedruckt.

Cover: Anja Haß, Frankfurt am Main
Coverbilder: © imago / epd, iStockphoto / Sabrina dei Nobili;
Porträts: © Sabine Leutenecker und Heinrich Buttler
Satz: Makena Plangrafik, Leipzig
Druck und Binden: BELTZ Bad Langensalza GmbH

ISBN 978-3-96038-011-5
www.eva-leipzig.de

Sofern unsere Communauté
in der Menschheitsfamilie
Möglichkeiten schafft,
auszuweiten ...

Frère Roger

Vorwort

Als Jugendlicher besuchte ich in den 80er Jahren in Rom das europäische Jahrestreffen der Gemeinschaft von Taizé. Mich beeindruckte damals sehr, wie Frère Roger im schlichten weißen Gebetsgewand dem Oberhaupt der römisch-katholischen Kirche gegenübertrat. Nicht müde wurde er, vom Skandal der Trennung der Kirche zu sprechen. Seine Not hatte er von Anfang an mit kirchlichem Prunk, der nicht nur in Rom zu bewundern war. »Könnte die Kirche nicht in einfacher Schönheit die Menschen empfangen?«, lautete seine fortwährende Rückfrage. Mir gefiel das, wie hier eine klösterliche Gemeinschaft in ökumenischer Haltung um einen glaubwürdigen Weg der Kirche rang. Frère Roger zeichneten ein unerschütterliches Gottvertrauen, eine erstaunliche Menschenliebe und ein weitherziges Verständnis für das Anderssein des anderen aus. Und er konnte zuhören.

In dieser Zeit fing ich mit dem Studium der Evangelischen Theologie an. Den Kontakt zu Taizé hielt ich sporadisch. Im Jahr 2005 erschütterte mich der tragische Tod von Frère Roger tief. Ein aus Stuttgart stammender katholischer Theologe übernahm nun das Ruder in Taizé: Frère Alois. Wird dieser Wechsel gutgehen? Wird die Generation nach Frère Roger den Gründergeist bewahren und weiterentwickeln können? Welche Glaubensquellen und Lebensgeschichten haben Frère Alois geprägt? Von Frère Roger war vieles bekannt. Frère Alois war ein unbeschriebenes Blatt. Wie wird das singuläre, ökumenische Projekt im Schatten von Cluny nun weitergehen?

Als evangelischer Gemeindepfarrer war ich mittlerweile in der Realität des real existierenden Protestantismus angekommen. In meinem Umfeld stellten sich ähnliche Fragen: Wie evangelisch ist meine Kirche noch? Hat sie den Geist ihrer Gründerväter und -mütter bewahren und sachgemäß weiterentwickeln können? Gilt noch der Grundsatz: *ecclesia semper reformanda*? Was hat der gegenwärtige Protestantismus dem modernen Menschen auf seiner Suche nach einem sinnvollen Leben noch zu sagen? Brennt das evangelische Feuer noch, oder sind wir zu Gralshütern der eigenen Asche geworden? Ist Gottes Wort im Protestantismus noch die Richtschnur? Oder haben längst Unternehmensberater, Organisationsentwickler und juristische Verwaltungsexpertokratien das Sagen übernommen? Kurzum: Was feiern wir überhaupt am 31.10.2017? Welche Chancen und Risiken stecken für die Ökumene drin, wenn das verunsicherte Geburtstagskind »Protestantismus« die Schwelle in die nächste Jahrtausendhälfte überschreitet?

Immer öfter fragte ich mich: Was würde Taizé dazu sagen? So sprach ich in Taizé nach einem Abendgebet Frère Alois an, ob er sich ein Interviewbuch anlässlich des bevorstehenden Jubiläums vorstellen könne. Ende Mai 2015, auf dem Stuttgarter Kirchentag, wurde dann grünes Licht gegeben. Im Herbst darauf fuhr ich mit dem Aufnahmegerät nach Taizé, und ein halbes Jahr später ein weiteres Mal zum Korrekturlesen mit den Brüdern. Die Lektorin des Verlages mailte nach erstem Lesen: »Ich fand die Texte äußerst spannend. Ich finde, das sind mehr als zwei Hände, die hier in Sachen Ökumene gereicht werden, und sehr spannende Vorschläge, wie das umzusetzen sein könnte.« Mich würde es sehr interessieren, von den Lesern und Leserinnen zu erfahren, ob sich das Wagnis gelohnt hat. Ich staune immer noch, dass und wie dieses Wagnis gelang.

Im Herbst 2016
Siegfried Eckert

Inhalt

I.

Allein in der Gemeinschaft

Ein Geleitwort von Anne und Nikolaus Schneider

Taizé – einen Schritt voraus
auf dem ökumenischen Weg

Trennungen und Spaltungen kennt die Kirche Jesu Christi schon von Beginn an. Auch das Bemühen, Trennungen und Spaltungen zu überwinden.

Als wolle der Evangelist Johannes eine vorausgesehene leidvolle Entwicklung bremsen und umkehren, überliefert er im 17. Kapitel seines Evangeliums das Gebet Jesu: »Ich bitte ... für die, die durch ihr Wort an mich glauben werden, damit sie alle eins seien. Wie du, Vater, in mir bist und ich in dir, so sollen auch sie in uns sein, damit die Welt glaube, dass du mich gesandt hast« (Verse 20 f.).

Ökumene, das »Eins-Sein« der Christinnen und Christen und ihrer Kirchen, hat also eine tiefe Begründung und dient einer entscheidenden Aufgabe: Ökumene gründet im Gebet Jesu und soll dazu dienen, dass die Welt an Jesus als das Mensch gewordene Wort Gottes glaube. Deshalb ist Ökumene keine »Kür«, der sich die Kirchen nach und neben der »Pflicht« der Weitergabe des Evangeliums auch noch zuwenden könnten. Vielmehr gehört Ökumene als Glaubensgewissheit und als Gestaltungsaufgabe ganz notwendig zur Weitergabe des Evangeliums. Das gilt im Besonderen für die Kirchen der Reformation, wenn sie jetzt auf das Reformationsjubiläumsjahr 2017 zugehen. Denn ökumenisch glauben, verkündigen und leben bedeutet keinesfalls, sich von den reformatorischen Erkenntnissen Martin Luthers loszusagen.

Angesichts des im 16. Jahrhundert verbreiteten Irrglaubens, man könne und müsse sich Gottes Vergebung erkaufen oder durch eigene Leistungen verdienen, haben Martin Luther und die reformatorische Theologie nach ihm die Botschaft des Evangeliums zu vier grundlegenden Einsichten verdichtet: Gottes Vergebung geschehe allein durch Gnade, allein im Glauben, allein durch die Schrift und allein in Christus. Dieses vierfache, knappe »allein« entfaltete eine ungemein befreiende Wirkung. Gottes Menschennähe in Christus und der Glaube als eine dankbare Antwort des Menschen auf Gottes bedingungslose Zuwendung standen wieder im Zentrum kirchlicher Verkündigung – und nicht bemerkenswerte Leistungen von bemerkenswerten Menschen oder die Vermittlung des Heils durch die Kirche. Martin Luther hat Menschen dazu ermutigt, selbstverantwortlich dem Wort Gottes in der Heiligen Schrift nachzuspüren und sich persönlich der Gnade Gottes anzuvertrauen. Das stärkte die Freiheit der Einzelnen, hatte und hat jedoch auch eine Kehrseite: Wer die Freiheit der Einzelnen groß schreibt, darf sich über Vielfalt und Separatismus gerade auch in Glaubensdingen nicht wundern. Dass unser Glaube – nach Gottes und um unserer selbst Willen – die Gemeinschaft der Glaubenden braucht, gerät uns zu leicht aus dem Blick. »Wo zwei oder drei versammelt sind in meinem Namen, da bin ich mitten unter ihnen«, verspricht Jesus seinen Nachfolgerinnen und Nachfolgern nach dem Matthäusevangelium (Matthäus 18, 20). Hier bindet Jesus seine geistige und geistliche Gegenwart nicht an die innere Einkehr, sondern an die Gemeinschaft der Glaubenden. Eben deshalb ist Kirche-Sein – also eine auf Christus bezogene Gemeinschaft von Glaubenden – für uns heilsnotwendig: weil wir die Gegenwart des Auferstandenen für ein getrostes Leben und Sterben brauchen. Weil diese Einsicht in unserer protestantischen Freiheitseuphorie oft zu kurz kommt, scheint es uns sinnvoll, den vier Kernsätzen der Reformation einen fünften hinzuzufügen: allein in der Gemeinschaft!

Im Spätsommer 2012 haben wir die ökumenische Gemeinschaft von Taizé in Burgund besucht. Dorthin pilgern

Menschen aus ganz Europa. Sie verbinden ihren inneren Weg zu Gott mit einem äußeren: auf ihre Mitmenschen zu, in eine Gemeinschaft, die ihnen eine spirituelle Heimat gibt, über konfessionelle und sprachliche Grenzen hinweg. Wir haben in Taizé eine Ökumene der Gaben erlebt und genossen. Eine wichtige Einsicht von Frère Roger, dem Gründer der Gemeinschaft von Taizé, hat sich uns dabei neu erschlossen: Die von Jesus erbetene Einheit unserer getrennten christlichen Kirchen kann sich nicht allein auf der Basis theologischer Vereinbarungen entwickeln. Trennungen werden nicht allein und vielleicht auch nicht primär durch theologische Diskussionen, Kommissionen, Erklärungen und Verlautbarungen überwunden. Ebenso wichtig, wenn nicht wichtiger sind gemeinsame spirituelle Erfahrungen, ist gemeinsames Beten und Singen, ist gemeinsames Nachdenken über Gottes lebendiges Wort.

Es ist ein Zeichen ökumenischer Lebendigkeit, dass auf den reformierten Pfarrer Frère Roger mit Frère Alois ein römisch-katholischer Christ in der Leitung der Gemeinschaft folgte. Obwohl die Schmerzen kirchlicher Trennung auch in Taizé etwa beim Abendmahl spürbar bleiben, spielen die konfessionellen Unterschiede im Leben von Taizé keine dominierende Rolle. In der Stille meditieren, die Lieder singen, in den Bibelarbeiten der Bedeutung des Wortes Gottes nachsinnen – das geschieht ganz auf Christus bezogen. Und nicht in den Dialekten der Konfessionskirchen. Und keinesfalls als Zementierung konfessionsgebundener Einsichten. Die Konzentration auf Christus dient der Verwurzelung im je eigenen Glauben, mit dem die Besucherinnen und Besucher nach Taizé gekommen sind. Aber in einer Weise, die sie für den Glauben des Nächsten aus einer anderen Kirchen öffnet, weil sie mit ihm – wenn auch nur für eine begrenzte Zeit – Glaubensgemeinschaft gelebt haben. In der ökumenischen Gemeinschaft von Taizé wird damit Ernst gemacht, dass die Taufe uns schon eint – trotz aller konfessionellen Unterschiede. So ist Taizé unseren konfessionellen

Kirchen einen inspirierenden Schritt voraus auf dem ökumenischen Weg. Denn die Gemeinschaft von Taizé inspirierte und inspiriert viele Menschen – auch uns! –, in ihren unterschiedlichen Heimatkirchen ökumenische Einheit zu glauben und zu leben. Und damit das johanneische Gebet Jesu für ihren kirchlichen Alltag wirksam werden zu lassen.

Möge der Geist von Taizé und seine an Christus orientierte Ökumene auch bei allen Feiern des Reformationsjubiläums im Jahr 2017 spürbar und wirksam werden – nicht zuletzt deshalb wünschen wir diesem Buch viele Leserinnen und Leser!

Anne und Nikolaus Schneider

II.

Zeichen des Evangeliums sein

SIEGFRIED ECKERT: Als Prior von Taizé kommen Sie aus einem bäuerlich geprägten katholischen Elternhaus. Sie sind in Stuttgart aufgewachsen. Ich bin ein evangelischer Gemeindepfarrer, der in München groß wurde und gegenwärtig im katholischen Rheinland seinen Dienst versieht. Mich elektrisiert 2017: das Jahr, in dem der Protestantismus sein 500-jähriges Bestehen feiert. Können Sie meine konfessionelle Vorfreude verstehen?

FRÈRE ALOIS: Natürlich, die Reformation hat in der Kirche viel in Bewegung gebracht. Mir wurde erst später bewusst, wie viele Kirchenlieder, die wir in meiner Jugend gesungen haben, evangelischen Ursprungs sind und wie vieles von der Reformation in die ganze Christenheit eingeflossen ist. Wir können im Jahr 2017 dieses Fest mit Freude feiern, wenn wir es schaffen, wegen der Trennung unter uns Christen auch Buße zu tun. Die erste der 95 Thesen Luthers war ja bereits ein Aufruf, Buße zu tun. Das muss Teil dieses Festes sein, denn als Christen können wir das eine nicht vom anderen trennen. Wir müssen auch den schwierigen Momenten und dem Skandal der Trennung ins Auge sehen. Das bedeutet nicht, dass wir uns nicht über das Neue freuen können, das im 16. Jahrhundert aufgebrochen ist und das in die verschiedenen Kirchen hineingewirkt hat.

SIEGFRIED ECKERT: Sie haben gerade erzählt von ihrer Begegnung als Jugendlicher mit Kirchenliedern, von denen Sie im Nachhinein erfuhren, dass sie evangelisch waren. Was sind denn Ihre Erinnerungen an Ihre Zeit als Kind und Jugendlicher? Ich wüsste es bei mir sofort, was für mich in München typisch katholisch war. Was waren Ihre evangelischen Urerfahrungen?

FRÈRE ALOIS: Ich erinnere mich noch, dass wir auf dem Weg zum Gottesdienst immer an einer evangelischen Kirche vorbeigegangen sind und dass das alle ganz normal fanden. Das machte mich eines Tages stutzig.

SIEGFRIED ECKERT: Dieses Vorbeigehen?

FRÈRE ALOIS: Ja, dieses Vorbeigehen war für uns ganz normal, dieses Nicht-Stehenbleiben. Aber dann kam die Zeit des Zweiten Vatikanischen Konzils und sehr schnell verstanden wir, dass wir aufeinander zugehen müssen. Ich weiß noch, wie wir mit unserem Priester eine evangelische Kirche besucht haben. Dort gab es einen Mann, der der evangelischen Michaelsbruderschaft angehörte und einen sehr ausgeprägten Sinn für Liturgie hatte. Ich war bis dahin nie in einem evangelischen Gottesdienst gewesen und staunte nur, wie ähnlich vieles zu der Messe lief, wie ich sie gewohnt war. So, wie dieser Michaelsbruder den Gottesdienst gefeiert hat, war es einem katholischen Hochamt sehr ähnlich. Auf einmal spürte ich, wie viele Vorurteile es auf beiden Seiten gab und dass wir uns erst einmal besser kennenlernen mussten.

SIEGFRIED ECKERT: Das war also das erste evangelische Gottesdiensterleben mit einem Michaelsbruder, der so hochliturgisch agierte? Oder gab es in der Kindheit auch andere Erfahrungen? Es gibt die Generationen, die immer wieder davon erzählen, dass auf dem Schulhof ein Kreidestrich war, der die Evangelischen und Katholischen voneinander trennte. Es gab also bis vor Kurzem noch eine spannungsreiche Zeit zwischen Katholiken und Protestanten im Land der Reformation. Haben Sie solche Hakeleien selbst noch erlebt?

FRÈRE ALOIS: Vielleicht als Kind. Das war, als man uns sagte: Das Evangelische ist fremd. Es ist besser, keine Kontakte zu haben. Aber in der Schulzeit entstand dann doch ein großes

Interesse füreinander. Der evangelische Religionsunterricht an unserem Gymnasium war viel besser als der katholische, sodass wir manchmal dorthin gingen. Ich erinnere mich, wie gut der Religionslehrer das Alte Testament und das Judentum erklärte. Ich habe dort etwas viel Tieferes gefunden. Aber das lag wohl auch an den jeweiligen Pädagogen. Und dann kam die Zeit, als im katholischen Religionsunterricht die Traditionen stärker hinterfragt wurden, da fühlte ich mich wieder mehr im Katholischen zu Hause. Gleichzeitig waren wir aber auch eher dazu bereit, zu den anderen zu gehen.

SIEGFRIED ECKERT: Stimmt es: Sie haben Abitur gemacht und wollten dann katholische Theologie studieren? Und fast gleichzeitig ereilte Sie der Lockruf nach Taizé?

FRÈRE ALOIS: Ja, richtig! Ich wollte mich in der Kirche engagieren – so viel war mir klar. Aber ich habe mit der Entscheidung, katholische Theologie zu studieren und Priester zu werden, sehr gerungen.

SIEGFRIED ECKERT: Das Studium bedeutete auch die Entscheidung zum Priester?

FRÈRE ALOIS: Ja, aber es ging mir mehr darum, Priester zu werden, als um das Studium an sich. Gleichzeitig wollte ich nach dem Abitur erst einmal ein Jahr lang etwas anderes machen. Hier in Taizé habe ich dann eine Weite im Glauben und in der Kirche kennengelernt, die mir deutlicher gemacht hat, was es heißt, katholisch zu sein. Hier habe ich mir die Frage gestellt: Was ist das eigentlich Katholische, jenseits der schönen Formen, die ich sehr liebe? Als Kind habe ich zum Beispiel die Fronleichnamsprozession jedes Jahr mit Spannung erwartet und die stille Anbetung bei uns in der katholischen Kirche. Diese Formen haben mir viel gegeben. Daran hing ich. Aber in Taizé habe ich gemerkt, dass man einen Unterschied machen muss zwischen den Formen und dem Inhalt. Hier habe ich die Weite des Katholischen kennengelernt. Und so war die Entscheidung eigentlich klar. Da war es für mich dann viel konsequenter, hier zu bleiben anstatt Priester zu werden. Die Einfachheit hat mich angesprochen. Als Bruder konnte ich den Menschen ganz nahe sein.

SIEGFRIED ECKERT: Zunächst möchte ich noch eine Gemeinsamkeit zwischen uns feststellen: Sie haben wahrscheinlich als angehender katholischer Theologiestudent auch die Freistellung von der Bundeswehr erhalten. Das ging mir als zukünftigem evangelischen Pfarrer ebenso. Ich wusste mit 17 Jahren, ich will Pfarrer werden, habe aber dennoch den Zivildienst gemacht. Bei Ihnen war das wohl ähnlich. Sie hatten nach dem Abitur die Idee: Ich möchte noch ein Jahr anders verbringen, bevor ich studiere? Und diese Lücke oder dieses Geschenk hat dann die Weichen gestellt?

FRÈRE ALOIS: Ja. Das war kompliziert. Ich wollte Zivildienst machen. Ich hatte den Wehrdienst verweigert und habe überlegt, ob ich mit »Aktion Sühnezeichen« entweder nach Polen oder Israel gehen sollte. Das hat mich fasziniert: Polen wegen seiner Geschichte und Israel wegen des Lebens im Kibbuz. Das war für uns damals ein großes Ideal.

SIEGFRIED ECKERT: Also hat Sie damals schon das gemeinschaftliche Leben fasziniert?

FRÈRE ALOIS: Ja, und die Geschichte Israels. Aber dann habe ich mich entschieden, nach Taizé zu gehen.

SIEGFRIED ECKERT: Und dann – ich sage es so ungeschützt – machen Sie als Katholik etwas Verrücktes: Sie lassen sich ein auf den ersten protestantischen Orden nach der Reformation. Wie hat sich das angefühlt?

FRÈRE ALOIS: Ich hatte überhaupt nicht das Gefühl, etwas von meiner Herkunft aufzugeben, ganz im Gegenteil: Ich habe hier die Katholizität gespürt, sowohl im Sinn einer weltweiten Gemeinschaft als auch im Bezug auf die Tradition. Es ging eben nicht nur um Traditionen, sondern um die große, jahrhundertealte Tradition der Kirche. Das ist mir immer mehr bewusst geworden. Nachdem sich schon 1972 der erste katholische Bruder für sein Leben in der Communauté engagiert hatte, war ich dann auch nicht der erste katholische Bruder hier.

SIEGFRIED ECKERT: Sie kamen 1974 nach Taizé und gehörten damit in gewisser Weise zur »katholischen Vorhut« in der Communauté?

FRÈRE ALOIS: Ja, aber damals schien mir das nichts Besonderes zu sein. Vielleicht war ich auch ein bisschen naiv, aber ich habe hier einfach das gefunden, was ich gesucht hatte: das lebendige Evangelium!

SIEGFRIED ECKERT: Und das Konfessionelle stand im Hintergrund?

FRÈRE ALOIS: Ja, vollkommen. Aber ich habe dann auch sehr schnell gespürt, wie sehr Frère Roger die katholische Kirche achtete. Als Jugendlicher habe ich hier den jüngeren Bruder von Papst Johannes XXIII. erlebt. Mich hatte beeindruckt, dass Frère Roger mit der Familie des Papstes in Kontakt stand und sogar einmal in dessen Heimatdorf Sotto il Monte in Norditalien war. Zum »Konzil der Jugend« hat er dann dessen Bruder eingeladen. Das waren für mich Zeichen der Offenheit gegenüber der katholischen Kirche, die es mir sehr leicht gemacht haben.

SIEGFRIED ECKERT: Ich habe entdeckt, dass der französische Protestantismus zumindest in der Anfangsphase gewisse Schwierigkeiten mit Taizé hatte. Können Sie beschreiben, worin das Spannungsverhältnis begründet lag? Was machte es den Protestanten in ihrer Minderheitensituation so schwer, dieses monastische, kommunitäre Leben in Taizé zu unterstützen?

FRÈRE ALOIS: Bereits in Genf, wo die ersten Brüder während des Krieges einige Zeit ein gemeinsames Leben führten, und anschließend in Frankreich war das Monastische für die reformierte Tradition mit vielen Missverständnissen aus der Geschichte belastet. Für Frère Roger stellte die absolute, die unverdiente Liebe Gottes, die uns im Evangelium begegnet, eine Herausforderung dar, auf die wir nur mit unserem ganzen Leben antworten können. Wir müssen uns ganz riskieren in einer Gemeinschaft. Es ging Frère Roger also um das Evangelium und nicht um die Wiederherstellung eines traditionellen monastischen Lebens, dennoch war sein Weg für viele inakzeptabel.

Aber auch die Brüder haben noch längere Zeit gezögert, ein Engagement für das ganze Leben einzugehen. Frère Roger war 1940 nach Taizé gekommen und sah sich zwei Jahre später durch die politischen Umstände gezwungen, wieder nach Genf zurückzugehen, wo er mit den ersten Brüdern ein gemeinsames Leben begann. Doch erst 1949 haben sich die ersten sieben Brüder in Taizé zu einem Lebensengagement entschlossen. Das führte zu Spannungen: Wie konnten Brüder, die – wie Frère Roger – bereits einen pastoralen Dienst in der evangelischen Kirche übernommen hatten, ein Lebensengagement in der Communauté eingehen?

Siegfried Eckert: Frère Roger wollte also keine Restauration, kein katholisches oder orthodoxes Mönchtum, sondern das Evangelium in einer angemessenen, aktuellen Form leben. Als sich die Brüder dann zu einem Lebensengagement durchgerungen hatten, kam es zu Spannungen mit dem protestantischen Verständnis? Nach dem Motto: Der Mensch kann dem lieben Gott nicht sagen, wo es für ihn ein ganzes Leben lang hingehen wird.

Frère Alois: Ja. Es ging den Brüdern um die angemessene Form für das, was im Entstehen war. Sie haben sehr schnell gemerkt, dass sie das alles nicht einfach neu erfinden, sondern dass es in der Kirche eine lange Tradition dazu gab. Frère Roger hatte in seiner Diplomarbeit das Thema behandelt: »Das Ideal des monastischen Lebens in der Zeit bis

Benedikt und sein Einklang mit dem Evangelium«. Für ihn stand das monastische Leben also nicht im Widerspruch zum Evangelium. Er sah darin vielmehr eine Form, auf den Ruf Jesu in die radikale Nachfolge zu antworten. Die Brüder sprachen nicht von Gelübden; sie haben das Wort vermieden, um keine Missverständnisse aufkommen zu lassen, so als ob man sich durch Gelübde den Himmel verdienen könnte. Es geht um nichts anderes als um eine Antwort auf die Liebe Gottes, um eine Antwort mit einem Lebensengagement in der Gemeinschaft. Wir stehen zueinander, und dies nicht nur für eine bestimmte Zeit.

SIEGFRIED ECKERT: Spannend, was Frère Roger da getan hat. Ich habe meine erste Seminararbeit über die *Vita Antonii* des Kirchenvaters Athanasius geschrieben und meine Examensarbeit über die Regel des Heiligen Benedikt, um die Ziele des abendländischen Mönchtums an ihr herauszuarbeiten. Insofern bin ich als Protestant da sogar ein wenig kundig. Frère Roger hat also seine Arbeit über die biblische Begründung des alten Mönchtums geschrieben. Das ist ein zutiefst protestantischer Zugang: *Sola scriptura*, allein anhand der Schrift ist das eigene Tun zu begründen! Das hat Frère Roger im Blick auf das Mönchtum unternommen und daraus seine Rückschlüsse für die Gegenwart gezogen?

FRÈRE ALOIS: Ja, die Schrift stand für Frère Roger immer im Mittelpunkt. Was das gemeinsame Leben betrifft, war nichts neu zu erfinden. Es hat in der Kirche eine reiche Tradition. Und dafür waren die ersten Brüder sehr sensibel. Die Kirche hat nicht mit der Reformation begonnen.

SIEGFRIED ECKERT: Genau. Wir haben eine gemeinsame Geschichte von fast eineinhalbtausend Jahren.

FRÈRE ALOIS: Und was machen wir mit diesem Erbe?

SIEGFRIED ECKERT: Das ist für mich ein Skandal im Protestantismus, dass wir die gemeinsame Vergangenheit so gering achten.

Mich würde noch etwas interessieren. Mit 20 Jahren hätten Sie fast Theologie studiert und sind dann nach Taizé gegangen. Sie haben nie ein Theologiestudium abgeschlossen und sind kein geweihter Priester geworden. Theologisch gebildet sind Sie dennoch. Ich habe gelesen, dass Sie sich mit den Kirchenvätern beschäftigt haben. Wo sind Ihre theologischen Wurzeln? Wer hat Sie geprägt?

FRÈRE ALOIS: Ganz stark die französischen Theologen des 20. Jahrhunderts, die für das Zweite Vatikanische Konzil und die Ökumene mit entscheidend waren: Henri de Lubac und Yves Congar. Beide haben die Schriften der Kirchenväter neu herausgegeben und bekannt gemacht, was auch eine große ökumenische Arbeit war.

SIEGFRIED ECKERT: Und ein Karl Rahner, ein Ratzinger, die damals schon bekannte Persönlichkeiten waren, oder ein Hans Küng, der dann bekannt wurde? Hat die deutsche Theologie bei Ihnen einen Einfluss ausgeübt?

FRÈRE ALOIS: Doch, vor allem Karl Rahner! Ich habe ihn hier einmal getroffen. Ich war beeindruckt von seiner großen Offenheit, die man vielleicht mit dem Stichwort »anonymes Christentum« zusammenfassen kann, auch wenn dieser Begriff umstritten ist. Rahner wollte damit zum Ausdruck bringen, dass die Kirche nicht nur institutionell verfasst ist.

SIEGFRIED ECKERT: Dass also der Geist weht, wo er will, und nicht nur hinter Kirchenmauern wohnt?

FRÈRE ALOIS: Von Joseph Ratzinger ist mir besonders die »Einführung ins Christentum« in Erinnerung geblieben. Und Dietrich Bonhoeffer haben wir schon als Jugendliche Ende der 1960er Jahre in der Gemeinde gelesen.

SIEGFRIED ECKERT: In einer katholischen Gemeinde?

FRÈRE ALOIS: Ja. Und später dann auch hier in Taizé. Aber auch Pannenberg fand ich sehr anregend, besonders, was die Ökumene betrifft. Er ging sehr weit in seinem Denken.

Von Moltmann las ich »Theologie der Hoffnung« und »Der gekreuzigte Gott« und war sehr beeindruckt.

SIEGFRIED ECKERT: Ist Ihnen Dorothee Sölle einmal begegnet als Theologin, Mensch, Provokateurin?

FRÈRE ALOIS: Weniger.

SIEGFRIED ECKERT: Für mich ist Bonhoeffer ein prägender Theologe geworden, an dem ich mich nicht sattlesen kann. Er hat ein Buch über gemeinsames Leben geschrieben und in Finkenwalde das Predigerseminar der Bekennenden Kirche gegründet. War das, was Bonhoeffer versucht hatte, auch für Frère Roger von Bedeutung gewesen?

FRÈRE ALOIS: Es ist erstaunlich, dass beide fast gleich alt waren und als Protestanten an ein gemeinschaftliches Leben dachten, ohne sich persönlich zu kennen. Das Buch »Gemeinsames Leben« von Bonhoeffer spielte in den Anfangsjahren in der Communauté eine große Rolle. Bevor es die »Regel von Taizé« gab, haben sich die Brüder stark daran orientiert. Beide, Dietrich Bonhoeffer und Frère Roger, suchten nach einem Weg, den Individualismus zu überwinden. Das war für Frère Roger ein Grundanliegen bei der Gründung der Communauté: den Individualismus zu überwinden und Kirche zu sein. Das Evangelium muss als Gemeinschaft gelebt werden. Diese Ähnlichkeit mit Bonhoeffer bleibt jedoch erstaunlich. Frère Roger hat sich nie direkt auf Bonhoeffer bezogen, aber er ließ sich von den Brüdern, die Bonhoeffer kannten, viel von ihm erzählen und war somit von ihm beeinflusst.

SIEGFRIED ECKERT: Frère Roger nahm in seinem später entwickelten Begriffspaar »Kampf und Kontemplation« meines Erachtens auch Bonhoeffers Rede von »Widerstand und Ergebung« auf. Es ist spannend, wie der Geist an zwei verschiedenen Menschen in ähnlicher Weise wirkte und dass beide von der Reformation geprägte Theologen waren.

FRÈRE ALOIS: Zudem war Bonhoeffer offen für ein monastisches Leben.

SIEGFRIED ECKERT: Ja, auch die Michaelsbruderschaft, die sich damals entwickelt hat, oder nach dem Zweiten Weltkrieg das evangelische Kloster in Selbitz. Nach zwei Weltkriegen, nach so viel zerbrochenen Welten war die Sehnsucht nach Gemeinschaft und Gemeinsamem groß, ebenso wie nach neuen spirituellen Grundlagen.

FRÈRE ALOIS: Seit unseren Anfängen gibt es auch Kontakte zu Kommunitäten in Deutschland, wie zum Beispiel Imshausen. Die Brüder pflegen diese Kontakte.

SIEGFRIED ECKERT: Ich möchte einen Exkurs machen zu den protestantischen Spezialitäten. Sie haben schon gesagt, dass Sie den evangelischen Religionsunterricht sehr schätzten. Vielleicht weil bei uns die intellektuelle Qualität oder kritische Reflexionsbereitschaft eine andere, identitätsstiftende Tradition hat? Das hat wohl seine Wurzel in dem, was Martin Luther sich einst wünschte. Margot Käßmann als unsere Reformationsbotschafterin betont gerne, dass es um einen gebildeten Glauben im Protestantismus geht. Dahinter steckt natürlich Luther als Professor der Bibelwissenschaft an der Universität in Wittenberg. Ihm war an der Kenntnis der Bibel und damit an Bildung und Sprache sehr gelegen. Ihm ging es um das eigene Verstehen, darum, sich die Dinge selbst anzueignen. Ich war oft überrascht, dass bei katholischen Freunden das Alte Testament lange keine Rolle spielte. Auch, was in frommen Kreisen des Protestantismus »Stille Zeit« heißt, also für sich die Bibel zu lesen, hat im katholischen Raum keine wirkliche Tradition. Wie sehen Sie das Thema Bildung im Zusammenhang mit der Frage, dem Glauben eine Gestalt zu geben?

FRÈRE ALOIS: Ja, Luther hat zweifellos sehr viel für das Schulwesen und die Bildung getan. Doch ich bin oft erstaunt, wie zum einen das Niveau der Allgemeinbildung und zum anderen das religiöse Wissen auseinanderdriften. Sogar sehr gebildete Menschen wissen häufig wenig über religiöse Dinge. Das macht mir Sorgen. In Deutschland beschränkt sich das religiöse Wissen vieler Menschen auf den Konfirmations- oder Religionsunterricht. Deshalb fragen wir uns, wo Menschen in Glaubensdingen dazulernen können, auch in den Gemeinden. Wir stellen immer wieder fest, wie nötig das wäre.

SIEGFRIED ECKERT: Ich finde erstaunlich, dass die katholische Kirche – bezogen auf das, was ich in Deutschland erlebe – das prägendere religiöse Bildungssystem anbietet. Durch den Kommunionunterricht kommen die Kinder in der 3. Klasse mit der Kirchentradition stärker in Verbindung. Der Katholizismus kann mehr Sichtbares, Haptisches, Sinnliches anbieten, was Kinder prägt. Wir Protestanten haben da weniger im Angebot, um Kindern ihre Religion anschaulich zu machen. Der Protestantismus fängt eher in der komplizierten Lebensphase des Konfirmandenalters an, sich mit dem Glauben auseinanderzusetzen. Hat die katholische Pädagogik, die sehr mit Tradition und Ritus arbeitet, in diesen säkularen Zeiten vielleicht eine größere Chance, Menschen zu erreichen und zu prägen?

FRÈRE ALOIS: Wir haben hier beides. Zu uns kommen evangelische Konfirmanden und katholische Firmlinge. Sicher braucht es Riten. Auch die katholische Kirche stand nach dem Zweiten Vatikanischen Konzil Riten und äußeren Formen sehr kritisch gegenüber. Jetzt sind wir in dieser Beziehung in allen Kirchen wieder auf einer guten Spur, dass wir uns auf die Suche danach machen, welche Riten Kindern und Jugendlichen helfen, denn es geht im Glauben nicht nur um Wissen, sondern um eine tiefe Prägung.

SIEGFRIED ECKERT: Ich spreche gerne von einer Herzensbildung. Das ist es, was uns dem Evangelium näherbringt.

FRÈRE ALOIS: Ja, Herzensbildung könnte man sagen! Und dazu braucht es Menschen. Luther selbst war immer auch Seelsorger. Bildung und Seelsorge gehörten für ihn zusammen. Bildung bestand für ihn vor allem darin, dass man das Herz des Evangeliums selbst lesen und verstehen kann, dass man selbst betroffen ist von der Botschaft des Evangeliums. Und darum geht es heute auch. Es braucht Menschen, die Zeit haben, die einfach da sind und den Jugendlichen eine menschliche Bildung geben. An dieser humanitären Bildung fehlt es sehr oft. Ich habe sie besonders im evangelischen Religionsunterricht selbst erlebt.

Ja, wir brauchen ein Glaubenswissen. Frère Roger hat uns immer wieder gesagt: »Lest mit den Jugendlichen die Bibel!« Nicht nur diskutieren, sondern die Bibel lesen! Das hat im Protestantismus mehr Tradition als im Katholischen, aber auch dort ist ein neues Bewusstsein entstanden. Ich hoffe, dass sich das weiterentwickelt und zum Beispiel die *Lectio divina*, das persönliche Bibellesen, in allen Kirchen einen zentraleren Platz bekommt. In meiner Familie haben wir nie die Bibel gelesen. Wir waren eine gläubige Familie, aber die Bibel hatte dort keinen Platz.

SIEGFRIED ECKERT: Für Luther war die Mitte der Schrift das, was »Christum treibet«. Da muss man zum Beispiel im christlich-jüdischen Dialog sehen, ob man damit wirklich alles abdeckt. Aber dieses Getriebensein von dem, was der Kern des Evangeliums ist, das war so etwas wie die Wünschelrute für Luther, um seine Bibel zu lesen. Ich bin in all den Jahren immer beeindruckt gewesen von den Bibelarbeiten der Brüder, ob im Schweigen, bei den Erwachsenen oder als Jugendlicher. Hier ist eine große Treue zur Bibel spürbar. Ist das ein reformiertes Erbe von Frère Roger?

FRÈRE ALOIS: Ja, ganz stark! Frère Roger hatte die Gabe, auf die Mitte der Bibel hinzuweisen. Diese Mitte war für ihn Christus selbst und eine persönliche Beziehung zu ihm. Er hatte die Gabe, die Jugendlichen bezüglich der Bibel nicht mit Missverständnissen zu belasten.

SIEGFRIED ECKERT: Er suchte keine dogmatischen Streitereien?

FRÈRE ALOIS: Bestimmt nicht, er ging von Christus aus, vom Kreuz und der Auferstehung, von der Liebe Gottes, die sich ganz hingegeben hat. Von daher ist die Bibel zu lesen. Ich erinnere mich noch genau, wie Frère Roger uns 1975 sagte: »Ihr müsst jetzt mit den Jugendlichen die Bibel lesen; geht zu den Quellen!« Er sprach immer von »den Quellen«, also vom Plural. Er meinte damit nicht verschiedene Quellen, wie etwa Schrift und Tradition, sondern es ging ihm darum, in der Schrift, in der Bibel die Quellen des Glaubens an und des Vertrauens auf Gott zu suchen. Das war Frère Roger ein großes Anliegen.

SIEGFRIED ECKERT: Wie machen Sie das organisatorisch? Suchen sich die Brüder selbst aus, was sie ins Gespräch bringen wollen, oder haben sie eine Art Kanon? Haben Sie für jede Woche bestimmte Texte vorgegeben?

FRÈRE ALOIS: Wir suchen jeweils am Anfang des Jahres nach einem Leitgedanken. In diesen drei Jahren werden das die drei Grundworte unserer »Regel« sein: Freude, Einfachheit, Barmherzigkeit, wobei wir mit dem Wort »Barmherzigkeit« beginnen.

SIEGFRIED ECKERT: Das passt zu Papst Franziskus und dem »Heiligen Jahr der Barmherzigkeit«.

FRÈRE ALOIS: Ja, das passt wunderbar. Und dann setzen sich Brüder zusammen und überlegen.

SIEGFRIED ECKERT: Praktisch wie eine Kirchentagslosung: Wir nehmen ein Wort und sehen, welche Texte dazu passen?

FRÈRE ALOIS: Ja, und dann stellen ein paar Brüder eine Auswahl zusammen, die dann alle bis Ostern – wenn viele Jugendliche kommen – benutzen. Wir probieren die Texte also aus, um dann nach Ostern eventuell das eine oder andere zu ändern. So entsteht das Programm für den Sommer, damit sich nicht jeder Bruder jede Woche etwas Neues ausdenken muss.

SIEGFRIED ECKERT: Und gibt es auch Brüder, die das nicht gerne tun? Ich kenne Kollegen, die sind Pfarrer geworden und machen alles gerne, nur nicht predigen. Gibt es vielleicht auch Brüder, die sagen: Ich habe Schwierigkeiten, eine Bibelarbeit zu machen. Und es dann lassen?

FRÈRE ALOIS: Ja, natürlich. Nicht alle Brüder geben Bibeleinführungen. Einige von uns bereiten sich speziell darauf vor und studieren die Texte. Aber wir müssen auch unseren Lebensunterhalt verdienen, und das tun wir nicht mit den Bibeleinführungen, sondern durch unsere Arbeit in den Werkstätten.

SIEGFRIED ECKERT: Welche Rolle spielt in Ihrem Leben das *Sola-scriptura*-Prinzip von Martin Luther, das besagt: Allein die Schrift zählt?

FRÈRE ALOIS: Ich persönlich habe die Bibel erst relativ spät kennengelernt, so richtig eigentlich erst hier in Taizé. Als ich noch klein war, fand in Stuttgart einmal ein Katholikentag statt. Da wurden Neue Testamente verteilt. Davon habe ich eines mit nach Hause genommen und in den Schrank gestellt. Aber einmal abgesehen vom Religionsunterricht bin ich eigentlich erst hier in Taizé auf die Bibel gestoßen. Ich erinnere mich noch an eine Ostermeditation Frère Rogers, in der er damals kurz auf die Frage im achten Kapitel des Römerbriefs einging: »Wer könnte uns verurteilen? Christus ist gestorben und auferstanden, nichts kann uns trennen von der Liebe Gottes.« Diese Worte Frère Rogers haben mich tief getroffen. In diesem Augenblick habe ich gespürt, dass das Evangelium befreit. Das war für mich eine ganz wichtige Erfahrung: Das ist Christus, und das höre ich aus der Schrift.

SIEGFRIED ECKERT: Es war also diese *viva vox*, die lebendige Stimme der Schrift, die Sie da unmittelbar angesprochen hat?

FRÈRE ALOIS: Ja, die lebendige Stimme der Schrift! Die Schrift ist wirklich eine Quelle. Das ist nicht nur ein poetischer Vergleich. Früher sah ich einmal eine schöne Ikone von Johannes Chrysostomos, die ich leider später nie wieder entdeckt habe. Auf dieser Ikone hält Chrysostomos eine aufgeschlagene Bibel in der Hand, aus der das Wasser herausfließt. Die Menschen vor dieser Ikone haben das Wasser aufgefangen.

SIEGFRIED ECKERT: Ein tolles Bild!

FRÈRE ALOIS: Ja, ich habe diese Ikone nie mehr gesehen, aber ich habe das Bild noch immer vor Augen: die Bibel als eine Quelle lebendigen Wassers. Zurzeit lese ich das ganze Lukasevangelium. Ich habe mir gesagt: Du kennst diese Worte zwar schon, aber sie tun dir gut. In ihnen hören wir die Stimme Jesu. Den Jugendlichen sage ich manchmal: Es geht nicht nur darum, eine Botschaft zu verstehen. Es geht darum, die Stimme Jesu zu hören. Das ist mehr als seine Botschaft zu kennen. Es ist etwas Innerliches. Ein Bibelwort muss in uns nachklingen, dann verändert es uns. Das heißt nicht, dass wir in der Bibel immer nur schöne Worte zu hören bekommen. Sie können auch sehr hart sein. Aber wenn uns ein Bibelwort anklagt, dann spüren wir, ob das echt ist, ob die Anklage zurecht besteht. Dann sagt mir das Wort: »Gib acht! Da ist etwas nicht in Ordnung. Pass da auf!« Dann kann selbst das anklagende Wort zu einem befreienden Wort werden, weil es uns aus uns selbst herausholt. Die Bibel ist nicht nur besänftigend.

SIEGFRIED ECKERT: Sie ist »wie ein zweischneidiges Schwert«, heißt es einmal in ihr. Luther unterschied das vom Geist erfüllte, lebendige Wort einst von den »toten Buchstaben«. Das war sein hermeneutisches Prinzip, seine Art des Verstehens der Bibel mit und durch den Geist. Und genau dies beschreiben Sie so schön mit der Ikone und der Bibel als Quelle lebendigen Wassers. Der Buchstabe allein, das nackte Wort hilft nicht, all das muss erst zu einem lebendigen Wort werden. Wie den Menschen bei der Schöpfung auch erst noch der Lebensgeist Gottes eingehaucht werden musste. In diesem Punkt war Luther im guten Sinn ein Charismatiker, ein Pneumatologe, ein Lehrer des Geistes. Was kann helfen, dass der tote Buchstabe lebendig wird? Es hilft der Geist. Und diesen erlebe ich in Taizé. Hier sprechen biblische Worte viel einfacher für sich, wenn nach ihrer Lesung ein langes Schweigen erfolgt, um sie nachklingen zu lassen. Taizé ist ein einzigartiger Resonanzraum für das Erklingen der Bibel. Der besondere »Spirit« in den Gebeten lässt das Wort lebendiger, ursprünglicher, christusbezogener ertönen. In meinem Alltag fehlt mir oft ein solcher Resonanzraum.

FRÈRE ALOIS: Ja, für uns alle ist es im Alltag oft mühsamer. Aber es stimmt, viele Jugendliche sagen uns immer wieder, dass sie durch das gemeinsame Leben hier anders auf die Bibel hören. Und diese Beobachtung ist sicher sehr wichtig. Nikolaus Schneider war einmal als Ratsvorsitzender der EKD hier und sagte damals, man müsse an die vier Kernsätze der Reformation, an das *sola fidei*, *sola scriptura*, *solus christus* und *sola gratia*, noch ein *sola communio* anfügen, ein »allein in der Gemeinschaft«. Ich fand das wunderbar! Natürlich liest jeder die Bibel für sich, und wir stehen dabei alleine vor Christus. Aber Christus führt die Menschen zusammen. Er will, dass wir gemeinsam auf ihn hören. Die Gemeinschaft ist geradezu eine Vorbedingung, um nicht nur am Buchstaben hängen zu bleiben, sondern den Geist gemeinsam zu empfangen. An Pfingsten war eine Feuerflamme auf jeden Einzelnen herabgekommen.

SIEGFRIED ECKERT: Und jeder Einzelne wurde in der Gemeinschaft vom Geist entzündet.

FRÈRE ALOIS: Genau! Dieses »allein in der Gemeinschaft« von Nikolaus Schneider sollte man, glaube ich, sehr ernst nehmen. Leider gab es in der deutschen Öffentlichkeit kaum Reaktionen darauf. Aber ich finde, da steht etwas sehr Tiefes dahinter. Wurde der Aspekt der Gemeinschaft in den Kirchen der Reformation bisher eigentlich genügend beachtet? Müsste man sich diese Frage nicht vielleicht noch deutlicher stellen?

SIEGFRIED ECKERT: Es ist kein Skandal, wenn ein Ratsvorsitzender der Evangelischen Kirche in Deutschland einen solchen Satz formuliert. Es ist schlicht ein Additum, eine Erweiterung reformatorischer Grundeinsichten um den Aspekt, dass die Gemeinschaft zum Christsein dazugehört. Diese kritische Rückfrage, so wie Sie sie stellen, muss sich der Protestantismus gefallen lassen. Wir hatten vorher schon das Thema Individualismus. Sind wir Protestanten schlichtweg nicht zu singulär unterwegs? Stets sind wir mit unserem eigenen Gewissen, unserem ganz persönlichen Christus beschäftigt. Wir wollen zwar keine Werkgerechtigkeit, trotzdem will jeder aufrechte Protestant gut dastehen. Schade, dass Schneiders Gedanke von der einzigartigen Bedeutung der Gemeinschaft bisher keine Wirkung im Land der Reformation gezeigt hat. Ich erinnere mich noch gut an den Sturm der Entrüstung, den einmal der bayerische Landesbischof Friedrich mit einem Nebensatz darüber ausgelöst hat, dass er sich als Lutheraner den Papst durchaus als einen gemeinsamen Repräsentanten der Christenheit vorstellen könne. Was hat das für eine Protestwelle ausgelöst! Wie kann ein Lutheraner den Papst nur so positiv sehen?, war der Aufschrei. Es ist schon verrückt, wie viele blinde Flecken der Protestantismus hat. Da ist nicht alles Gold, was glänzt.

FRÈRE ALOIS: Weil Luther selbst durch die geschichtlichen Umstände dazu gedrängt wurde, das Papsttum abzulehnen.

SIEGFRIED ECKERT: Weil er mit dem anderen, dem Kollektiv, der großen und damals durchaus korrupten Heilsanstalt Kirche brechen musste?

FRÈRE ALOIS: Ja, um seine Botschaft vom persönlichen Glauben wirklich deutlich zu machen, ging er in diese Richtung. Er hatte das Wort »Kirche« auch gar nicht so gerne, sondern sprach eher von »Gemeinde«. Für ihn war das Insistieren auf den persönlichen Glauben und die Gemeinde wichtig. Doch alles, was heute weltweit Gemeinde ist, ist auch Kirche. Luther war das suspekt.

SIEGFRIED ECKERT: Mein theologischer Lehrer, Fulbert Steffensky, war Mönch in Maria Laach. Er hat das politische Nachtgebet in Köln mit begründet und dabei Dorothee Sölle kennengelernt. Als Konvertit ist er evangelischer Theologe geworden und katholischer Christ geblieben. Er fragt uns Protestanten an, wie willens wir sind, uns in die Gemeinschaft, in das große Ganze der Kirche, gerade auch als Pfarrer und Pfarrerin, ein- und unterzuordnen. Er nimmt wahr, dass diese Gabe, sich selbst zurückzunehmen und in die Gemeinschaft der Kirche zu fügen, ein Charisma eher im katholischen wie monastischen Bereich ist. Uns Protestanten steht da der Sinn nach zu viel Individualismus manchmal im Weg. Vielleicht haben Sie es da mit Ihrer katholischen Tradition leichter?

FRÈRE ALOIS: Ja, aber wir brauchen heute beides: den Sinn für die Zugehörigkeit zum großen Ganzen der Kirche und den persönlich gelebten Glauben. Ich hoffe, dass uns 2017 hilft zu entdecken, dass beides einander nicht ausschließt, sondern sich gegenseitig ergänzt und wir so in diesem Punkt weiterkommen. Natürlich ist der persönliche Glaube von großer Bedeutung, und in der katholischen Kirche kam das lange Zeit zu kurz. Spätestens seit dem Zweiten Vatikanischen Konzil wird wieder stärker betont, wie wichtig eine persönliche Christusbeziehung ist. Traditionen lösen sich auf, und Christsein kann nicht mehr nur darin bestehen, dazuzugehören. Papst Benedikt XVI. hat mir mehrmals gesagt: »In Taizé betonen Sie eine persönliche Christusbeziehung, das ist sehr wichtig.« Wenn man jedoch das Individuelle zu sehr betont, gerät allmählich in Vergessenheit, dass die Gemeinschaft der Kirche auch eine Gabe des Geistes ist. Nicht nur wir bauen die Kirche von unten auf, sondern die Kirche ist uns auch geschenkt.

SIEGFRIED ECKERT: Fulbert Steffensky verwendet hier gerne das Bild: Der Kirche ist von Anfang an etwas von Gott in die Wiege gelegt geworden, was sich der Mensch nicht selbst verdankt.

FRÈRE ALOIS: In die Wiege gelegt? Ja! Das Wort Gottes führt uns zusammen. Die Sakramente führen uns zusammen. Es ging Christus nicht nur um den Einzelnen für sich allein, sondern um eine neue Gemeinschaft, ein »neues Volk Gottes«. Es ging ihm um eine Kerngemeinschaft, die in der Welt »Reich Gottes« ist. Die Gemeinschaft, dieses »allein in der Gemeinschaft«, gehört also ganz wesentlich dazu.

SIEGFRIED ECKERT: Sie erwähnten, dass Frère Roger manchmal zu Ostern eine kleine Predigt gehalten hat. Luther und Paulus sagen, der Glaube komme aus der Predigt. Aber ist es nicht so, dass während der Gebete in Taizé zwar Lesungen und Zeiten der Stille vorgesehen sind, aber keine Predigt?

FRÈRE ALOIS: Ja, das ist so.

SIEGFRIED ECKERT: Kann man sagen: Taizé ist ohne Predigt nicht protestantisch genug?

FRÈRE ALOIS: Es gibt mehrere Gründe dafür, dass während der gemeinsamen Gebete keine Predigt gehalten wird. Frère Roger hat sehr früh gespürt, dass Jugendliche heute übersättigt sind von Worten und Belehrungen und dass daher auf andere Weise gepredigt werden muss. Wir machen das in Form von Bibeleinführungen. Wenn es die nicht gäbe, müsste dies allerdings im Gottesdienst stattfinden. Doch die Tatsache, dass wir jeden Tag eine halbe bis dreiviertel Stunde über die Bibel sprechen und die Jugendlichen dabei zuhören, erlaubt uns, das gemeinsame Gebet davon freizuhalten. Außerdem gibt es einen ganz praktischen Grund, warum wir während der gemeinsamen Gebete nicht predigen: Angesichts der vielen Menschen aus unterschiedlichen Ländern müsste eine Übersetzung organisiert werden, und das würde das Gebet sehr stören.

Im gemeinsamen Gebet folgt auf die Bibellesung ein Antwortgesang und dann eine längere Zeit der Stille. So muss jeder zunächst einmal selbst das Wort Gottes hören, ohne dass einem gleich jemand die Lesung erklärt. Wird auf diese Weise nicht auch der Einzelne als Getaufter ernster genommen?

SIEGFRIED ECKERT: Gute Frage!

FRÈRE ALOIS: Dadurch spüren die Jugendlichen, dass sie hier frei sind. Ich kann hinhören, muss es aber nicht. Ich kann auch einmal etwas falsch verstehen, auch dafür ist Platz. Es gibt einen meditativen Freiraum: Jeder hört das Wort Gottes und kann es aufnehmen. Bei schwierigen Texten kommen hinterher oft Jugendliche auf uns zu und fragen nach. Dieser Freiraum birgt natürlich andererseits ein Risiko: Bestimmte Bibelstellen sind nicht so ohne Weiteres verständlich und brauchen eine Erklärung. Deshalb achten wir bei der Auswahl der Lesungen im Gottesdienst darauf, von der Mitte der biblischen Botschaft auszugehen und Texte zu nehmen, die nicht so leicht auf eine falsche Fährte führen. Aber die Freiheit, das Wort Gottes im gemeinsamen Gebet zu hören, ist an sich schon eine Predigt, ohne dass jemand vorne steht und alle belehrt. Wir schauen alle in die gleiche Richtung. Wir sind vor Gott alle gleich. Er ist größer als alles, was wir uns vorstellen können. Wir wollen mit den Jugendlichen gemeinsam vor Gott da sein. Wir sind mit ihnen sozusagen zusammen auf einem Weg, wir wollen sie begleiten. Die Jugendlichen spüren das und hören mit uns auf Gottes Wort. Aber wie wir schon gesagt haben, spielt die Gemeinschaftserfahrung während ihres Aufenthalts hier eine große Rolle; diese Erfahrung predigt auch. Die Jugendlichen kommen sonst nur selten mit dem Glauben in Berührung, aber das geschwisterliche Zusammenleben hier weckt in ihnen Fragen. Glaube geschieht nicht nur in Diskussionen, sondern auch im gemeinsamen Leben, beim Essen und Geschirrspülen. Und das macht den Einzelnen bereit, in der Kirche anders zuzuhören.

SIEGFRIED ECKERT: Es gibt in der Kommunikationsforschung die Erkenntnis, dass 80 Prozent der Kommunikation nonverbal und nur 20 Prozent verbal ist. Das heißt: Taizé predigt für sich, so, wie es ist. Da muss nicht jemand auf der Kanzel stehen und sagen, wo es langgeht. Das ist sicher ein Geheimnis des Erfolges von Taizé. Allein diese glaubwürdige Art des Zusammenlebens erzählt viel vom Evangelium. Es braucht keine 20-minütige Predigt.

In der Wochenzeitung »Die Zeit« gibt es auf der letzten Seite des Magazins eine Rubrik mit der Überschrift: »Was hat Sie gerettet?« Mich hat Taizé gerettet. Sechs Jahre war ich als Jugendlicher in München in der charismatischen Bewegung aktiv, die dominiert wurde von amerikanischen Predigern, die eine Stunde lang frei predigten. Drum herum wurde genauso lange gesungen und angebetet. Das war sehr laut und emotional. Immer wurde dort das Gleiche gesagt, wusste einer, was richtig und falsch war. Irgendwann hielt ich das nicht mehr aus, bin ich körperlich daran krank geworden und wurde wie durch ein Wunder nach Taizé geführt. Hier war alles so anders. Die Stille tat mir gut. Keiner hielt mir eine Standpauke voll zwielichtiger Moral. Die Vielfalt der Menschen war wohltuend. Was Sie beschreiben, dass Jugendliche übersättigt sind und eine große Skepsis haben vor zu vielen Worten »von vorne«, stimmt sicher. Auf der anderen Seite bin ich leidenschaftlich Pfarrer und hat die Predigt im Protestantismus einen hohen Stellenwert, gerade für einen gebildeten Glauben. Ich finde das in Taizé mit den Bibelarbeiten wunderbar gelöst. Das Gebet muss nicht alles leisten.

Würden Sie dem Protestantismus in seinen Gottesdiensten empfehlen: Lasst das Predigen! Macht lieber Sonntagsschule? Übt euch mehr in der Stille, im Gebet, im Singen und im Nachklang des Wortes durch mehr Schweigen?

FRÈRE ALOIS: Alle Kirchen brauchen Mut, hier neue Wege zu gehen. Die Menschen sind übersättigt. Wir müssen nicht auch noch den Gottesdienst mit aller Gewalt interessant machen. Heute fehlt es den Menschen oft an der inneren Motivation, an dem inneren Funken. Frère Roger lebte aus der Überzeugung, dass Gott in jedem Menschen anwesend ist und dass unsere Aufgabe – als Brüder oder auch als Pastoren oder Priester – darin besteht, dies zu entdecken und aufzudecken. Wie ist Gott im Menschen anwesend? Das hat Frère Roger im persönlichen Gespräch immer wieder herauszufinden versucht. Er blieb jeden Abend lange in der Kirche, über viele Jahre hinweg, um mit den Leuten persönlich zu sprechen. Für ihn war die Frage: Wo ist Gott, wo ist Christus, wo ist das Evangelium im Leben eines Menschen schon da? Um das herauszufinden und im Menschen zu stärken, braucht es einen Dialog und jemanden, der zuhört. Ich denke: Für einen Pastor sollte das Zuhören eine genauso große Rolle spielen wie das Predigen. Man kann nicht predigen, ohne zuerst einmal zuzuhören. Ich glaube, das hätte Luther auch so gesehen. Er hat den Menschen zugehört, er war ihnen nahe.

SIEGFRIED ECKERT: Luther hat »dem Volk aufs Maul geschaut«.

FRÈRE ALOIS: Ja, er hat ihnen auf das Maul geschaut, weil die Menschen anders sprechen. Seine Predigt war ein

Eingehen auf die Menschen. Aber wie kann dieses Zuhören geschehen? Man müsste dem Zuhören in den Kirchen viel mehr Platz einräumen. Es bräuchte Menschen – Pfarrer, Laien, Frauen und Männer – die da sind, um zuzuhören. Nach dem Abendgebet kommen viele Jugendliche zu uns, um mit jemandem persönlich zu sprechen. Das gehört ganz wesentlich zu dieser Gemeinschaftserfahrung. Der Einzelne darf mit seiner Individualität in der Gemeinschaft nicht untergehen, sondern er muss spüren, dass er seine Individualität zum Ausdruck bringen kann. Das fehlt mir in unseren Kirchen manchmal. Damit meine ich nicht, das Predigen wäre nicht wichtig. Nur geschieht es manchmal zu isoliert von dem, was in der Gemeinde sonst noch ansteht.

SIEGFRIED ECKERT: Stimmt es, dass Frère Roger ein Sympathisant der deutschen Mystik war? Dazu passt, was Sie gerade beschrieben haben: dem anderen zuhören, um in ihm einen göttlichen Funken zu entdecken. Wo leuchtet dieser Mensch? Wo predigt er mir in dem, was bei ihm zur Entfaltung kommt? Das ist eine andere Haltung als die der Prediger, die meinen, sie hätten die Weisheit mit Löffeln gefressen; die sich in der Bibel auskennen und meinen, andere mit ihrem Wissen füttern zu müssen. Das kann gar bei meinem Gegenüber zu unangenehmen Verstopfungen führen. Das sind schon zwei sehr unterschiedliche Haltungen. Im Ergebnis ist vielleicht beides möglich, doch aus einer mystischen Haltung heraus zu predigen und zuzuhören passt besser zu Taizé?

FRÈRE ALOIS: Ja, aber die andere Haltung ist auch nicht reformatorisch! Für wen halte ich da eigentlich die Gemeinde?

SIEGFRIED ECKERT: Da komme ich zurück zu dem, was wir schon angedeutet haben: Die Reformation konnte sich gegen Kaiser und Papst nur mit einer neuen Organisation durchsetzen, indem das landesherrliche Kirchenregiment eingeführt wurde. Die Fürsten waren also Luthers einzige

Chance, als Landesherren das Kirchenregiment zu führen, um sich gegen die große katholische, römisch-kaiserliche Welt zu etablieren. Das führte dazu, dass man den Pfarrer »da vorne« und »da oben« als einen Landesherrn im Kleinen betrachtete. Daraus wurde die Figur eines spirituellen Lehrers und Führers. Ich glaube, das gehört zu den Schattenseiten des Protestantismus, unter denen nicht nur unsere Gottesdienste bis heute leiden: Der Gemeinde von oben etwas sagen zu wollen, obwohl wir im Gebet eigentlich alle in die gleiche Richtung schauen sollten.

FRÈRE ALOIS: Ja. Es geht heute darum, wirklich zu dem Kern zu kommen, was mit reformatorisch gemeint und für alle Christen von Bedeutung ist. Die Amtsgewalt der Landesherren über das Kirchenwesen in ihren Territorien, das sogenannte »landesherrliche Kirchenregiment«, war wohl notwendig, um die Werte der Reformation in der damaligen Zeit zu bewahren. Aber es ist schon eine Schattenseite, weil es zugleich der Anfang der Trennung war. Man kann das Reformatorische aufnehmen, ohne die Trennungen der Kirchen zu akzeptieren. Das erlebe ich hier, und ich glaube, das wäre wichtig für 2017. Die Schuldzuweisung und die Schuld finden sich auf beiden Seiten. Heute können wir den Beitrag der Reformation anerkennen, ohne in die Kirchenspaltung einzuwilligen. Die Verantwortung für das Auseinanderbrechen tragen alle. Papst Hadrian VI. versuchte, die Kirche von Rom aus zu reformieren und ein solches Auseinanderbrechen zu verhindern. Aber es war zu spät. Sind wir nicht heute wieder an einem Punkt, an dem wir konkrete Schritte unternehmen können, um die Trennung zu überwinden?

SIEGFRIED ECKERT: Ich finde es eine wichtige historische Wahrnehmung, dass die Einführung des landesherrlichen Kirchenregiments damals eine politische Notwendigkeit war, um die reformatorische Idee in der spätmittelalterlichen

Welt durchzusetzen. Die tragische Kehrseite ist, dass in der Folgezeit viel Blut vergossen wurde, bis hin zum Dreißigjährigen Krieg. Nicht zufällig wurden die großen Jahrhundertfeiern des Protestantismus jedes Mal politisch instrumentalisiert. Die für 2017 bevorstehende Feier hingegen – das ist meine These – wird dieses Mal von der Kirche selbst instrumentalisiert. Die Evangelische Kirche in Deutschland hat 2015 dazu auf ihrer letzten Synode in Bremen weitere Beschlüsse gefasst, um sich stärker als eigenständige Kirche zu etablieren. Eine Kirche ohne eigene Gemeinden will die Evangelische Kirche in Deutschland sein. Mit ihrer Schrift »Kirche der Freiheit« hatte die EKD dies schon 2006 deutlich gemacht. Hierin beansprucht sie die Deutungshoheit, demnächst allein sagen zu dürfen, was es heißt, in Deutschland evangelisch zu sein. Seit zehn Jahren will sie der Welt zeigen, wie protestantisch zu sein im Land der Reformation geht. Dadurch drohen Haarspaltereien, die schon vor 500 Jahren zur Trennung geführt haben, erneut in die Kirche einzudringen. Wir laufen Gefahr, weiter eine Kirche von oben zu bleiben; doch genau das schadet den Anliegen des Protestantismus und damit auch der Ökumene. Deswegen ist es von Bedeutung, daran zu erinnern, was einst zur Trennung geführt hat, um zu erkennen, wo wir heute in der Gefahr stehen, die alten Geschichten der Trennung unnötigerweise fortzusetzen.

FRÈRE ALOIS: Und deshalb reicht es auch nicht aus, nur zu sagen: Wir feiern das mit Freude! Die Situation ist komplizierter, wir müssen da ehrlicher sein und alle Aspekte in Betracht ziehen.

SIEGFRIED ECKERT: Einige kluge Leute sagen, dass die Reformation aus zwei Gründen erfolgreich war. Der erste Grund war das Aufkommen des Buchdrucks. Der zweite der Gemeindegesang. Die eher kopflastige lutherische Lehre bekam durch den Gemeindegesang eine emotionale

Seite. Sind nicht die Gesänge auch ein Erfolgsgeheimnis von Taizé?

FRÈRE ALOIS: Warum Erfolgsgeheimnis?

SIEGFRIED ECKERT: Sollte ich vielleicht besser Charisma sagen? Wie würden Sie die Bedeutung des gemeinsamen Gesanges in Taizé beschreiben? Wie kam es dazu? Haben da theologische Überlegungen eine Rolle gespielt?

FRÈRE ALOIS: Das Singen der Communauté hat mich schon bei meinem ersten Besuch als Jugendlicher hier sehr beeindruckt. Die Wiederholgesänge, die für Taizé mittlerweile so charakteristisch sind, gab es Anfang der 1970er Jahre noch nicht. Damals wurde aus dem »Genfer Psalter« gesungen, und diese Vertonung der Psalmen haben mich so beeindruckt, dass ich sie zu Hause in Stuttgart auf der Straße vor mich hin gesungen habe: »Wie der Hirsch nach frischer Quelle lechzt«. Diese Psalmodien sind sehr rhythmisch. Wenn eine Gemeinde das zusammen singt, steckt Leben darin. Das gemeinsame Singen verdanken wir sicher der Reformation. Frère Roger legte großen Wert darauf, weil auf diese Weise alle aktiv am Gottesdienst teilnehmen. Es darf im Gebet keine zwei Klassen geben.

SIEGFRIED ECKERT: Auch wieder ein reformatorischer Gedanke!

FRÈRE ALOIS: Ja, ganz stark! Es geht um die Beteiligung aller, was auch das Zweite Vatikanische Konzil wieder neu betont hat. Es geht um die Beteiligung des Volkes Gottes an der Liturgie. Frère Roger sagte, wir müssen Wege finden, um die Jugendlichen einzubeziehen. Das Problem waren die vielen verschiedenen Sprachen. Dafür gab es keine Lösung, bis Frère Robert, einer der ersten Brüder der Communauté, eines Tages den Kanon »Jubilate Deo« entdeckte. Er hat damals mit allen möglichen Liedern aus verschiedenen Ländern experimentiert, aber beim »Jubilate Deo, Alleluja« von Praetorius sagte Frère Roger auf einmal: »Das ist es!« Die ganze Kirche hat damals an Ostern »Jubilate Deo« gesungen.

SIEGFRIED ECKERT: Das war also das erste Taizélied, das gezündet hat?

FRÈRE ALOIS: Ja, darauf hatten wir gewartet. Wir sangen immer wieder »Jubilate Deo«, es war Ostern, und alle haben gesungen.

SIEGFRIED ECKERT: Wie lange ist das jetzt her?

FRÈRE ALOIS: Das war 1974/75, in der Zeit des Konzils der Jugend. Das »Jubilate Deo« hat uns auf die Spur der Wiederholgesänge gebracht. Einige Zeit später ist dann ein Kontakt zu dem französischen Komponisten Jacques Berthier entstanden, der zusammen mit Frère Robert die ersten Wiederholgesänge schrieb.

SIEGFRIED ECKERT: Durch das Wiederholen wird das gemeinsame Singen mystischer. Damit gehen die Gesänge immer tiefer in uns ein.

FRÈRE ALOIS: Das stimmt! Und Jugendliche prägen sich dadurch einen Bibelvers ein.

SIEGFRIED ECKERT: Das ist auch Herzensbildung!

FRÈRE ALOIS: Ja. Die wenigsten kennen heute noch einen Psalm auswendig. Aber durch das Singen lernen sie einige Verse. Sie haben vorhin die Frage gestellt, ob die Gottesdienste anders werden müssten. Für Taizé traf das zu, auch wenn es kein leichter Weg war. Die Gemeinschaft hatte eine Form gefunden, die sehr monastisch geprägt war, mit drei Psalmen und sehr schönen Gesängen auf Französisch.

SIEGFRIED ECKERT: Aber es war zu schweres Gepäck, oder?

FRÈRE ALOIS: Es war sehr schweres Gepäck und musste leichter werden, ohne dabei zu verflachen. Das möchte ich deutlich sagen: Es ging niemals um ein Einebnen der Inhalte, sondern um eine Verdichtung. Gleichzeitig musste eine Form gefunden werden, die von verschiedenen Konfessionen geteilt werden kann, in der sich jeder irgendwo ein bisschen fremd, aber dann auch zu Hause fühlt. In diese Richtung musste der Gottesdienst umgestaltet werden. Das war nicht leicht: Viele gute Dinge mussten aufgegeben werden, um eine Form zu finden, die die Jugendlichen mit einbezieht und alle am Gottesdienst teilnehmen lässt.

SIEGFRIED ECKERT: Das ist ein kleines Pfingstwunder: Da ist man auf dem eigenen Weg in eine Sackgasse geraten, ist einem die alte Liturgie zu schwer geworden, zu behäbig – und gerade in so einem Bereich lässt sich eine Veränderung nicht vom Zaun brechen. Dann kam dieses »Jubilate Deo«, und die Schleusen gingen auf. Ihre gesungenen Gebete eroberten die Welt. Mich beeindruckt das!

FRÈRE ALOIS: Ich will nur noch einmal sagen, dass das für die Communauté nicht leicht war.

SIEGFRIED ECKERT: Das Loslassen des Gewohnten? Das Loslassen einer Tiefe, an die man sich gewöhnt hatte? Ständig Psalmen zu singen, die einem eine liturgische Orientierung und einen festen Rahmen geben, bedeutet auch eine große Tiefe.

FRÈRE ALOIS: Schon, aber wir mussten andere Wege suchen, um in die Tiefe zu gehen mit der heutigen Generation. Das geht nicht auf den Wegen von gestern. Gleichzeitig darf sich der Gottesdienst aber nicht einfach an die heutige Welt anpassen. Der Gottesdienst muss uns aus dem Alltag heraus in eine andere Welt führen. Wenn ich im Gottesdienst wieder nur den Alltag finde, ist nichts gewonnen.

SIEGFRIED ECKERT: Gibt es etwas, wo Martin Luther für Sie zu einem Lehrer im Glauben geworden ist?

FRÈRE ALOIS: Ja! Zunächst war ich sehr erstaunt, als ich im Studium entdeckte, was Luther über das Magnifikat geschrieben hat. Und ich habe jetzt auch in der sehr guten Biographie von Heinz Schilling gesehen, wie vorsichtig Luther im Umgang mit Menschen war. Er hat den Gottesdienst nicht einfach so verändert und und wollte auch nicht alle Bilder aus den Kirchen entfernen. Zuvor hatte ich schon Luthers »Von der Freiheit eines Christenmenschen« gelesen. Das kam so: In den 1970er Jahren saß einmal der gesamte Rat der EKD hier zusammen, mit Landesbischof Helmut Claß als Vorsitzendem. Am Abend sagte Frère Roger dann: »Wir könnten etwas singen«, und alle haben zusammen Choräle und Kirchenlieder angestimmt. Ich kann mich noch gut daran erinnern, wie Frère Roger danach über die »Freiheit eines Christenmenschen« sprach. Daraufhin habe ich mir diese Schrift vorgenommen. Ich erinnere mich zudem an ein Buch von Otto Hermann Pesch, in dem er erklärte, dass Thomas von Aquin und Luther nicht sehr weit auseinander lagen. Pesch untersuchte die Rechtfertigungslehre sehr genau und kam zu dem Schluss, dass die katholische Kirche damit eigentlich einverstanden sein könnte. Das ist auch unsere Überzeugung.

SIEGFRIED ECKERT: Die Rechtfertigungslehre muss uns also nicht mehr trennen?

FRÈRE ALOIS: Sie muss uns nicht mehr trennen. Es gibt verschiedene Sprachen, um die Wahrheit auszudrücken. Wir müssen hinnehmen, dass ein anderer die Dinge anders sagt als wir selbst. Pesch zeigt das an verschiedenen Punkten auf, bis hin zur reformatorischen Liturgie. Auch die ist seiner Ansicht nach mit der Lehre eines Thomas von Aquin vereinbar. Das hat mich sehr beeindruckt. Auf diesem Weg könnten noch viele Fortschritte gemacht werden. Ich bin unglücklich darüber, dass die »Gemeinsame Erklärung zur Rechtfertigungslehre« so wenig bewirkt hat. Das ist mir unverständlich.

SIEGFRIED ECKERT: Haben Sie eine Vermutung, warum die erlangten Gemeinsamkeiten in Dingen, die uns früher getrennt haben, heute die Gemeinschaft nicht erkennbarer zusammenwachsen lassen? Was blockiert uns da?

FRÈRE ALOIS: Wahrscheinlich geht es letztlich nicht um theologische Fragen. Wir sehen heute, dass es bereits im Neuen Testament eine theologische Vielfalt gibt. Ich glaube, es ist vielmehr unser Festhalten an den gewachsenen Kirchenstrukturen, das uns trennt. Warum feiern wir nicht öfter ökumenische Gottesdienste? Was hindert uns daran? Ist es nicht Tatsache, dass wir jeweils unsere eigenen Strukturen aufrechterhalten wollen? In der katholischen Kirche kommt in letzter Zeit vieles in Bewegung. Wie schon Johannes XXIII. sucht auch Papst Franziskus einen neuen Stil, seinen Dienst auszuüben. Müsste man da nicht anfangen, über ein Dienstamt der Einheit zu sprechen, auf das sich alle Christen – in verschiedenen Graden – beziehen? Es geht dabei nicht um eine Jurisdiktion über die gesamte Christenheit. Es geht vielmehr um einen wirklichen Dialog. Entscheidungen sollten nicht mehr getroffen werden, ohne zu bedenken, was das jeweils für die anderen bedeutet und mit sich bringt. Wir sollten vor allem auch in ethischen Fragen gemeinsam suchen und dabei in Kauf nehmen, dass wir Christen zu manchen Fragen momentan keine endgültige Antwort haben. Wir sollten wagen zu sagen: Wir sind auch auf der Suche, und um eine Lösung zu finden, müssen wir im Dialog sein.

SIEGFRIED ECKERT: Was macht es uns so schwer, aufeinander zuzugehen? Warum ist unser – vor allem institutioneller – Selbsterhaltungstrieb so stark? Hinter den Kulissen der Kirche menschelt es gewaltig. Vieles hat mit Macht, Gier und Egomanie zu tun. Das muss man leider so sagen. Das, was Luther vor 500 Jahren in Rom der katholischen Kirche an Entartungen vorwarf, damit ist gegenwärtig fast jede Kirche geschlagen. Da ist der Protestantismus nicht besser und nicht schlechter als der Katholizismus. Ich befürchte, dass auch die Orthodoxie nicht besser ist, was dieses Bestreben nach Machterhalt angeht? Deswegen setze ich mich gegenwärtig mit der Frage auseinander: In welcher Haltung können wir eigene Verirrungen und die vorhandenen Trennungen überwinden? Die Antwort lebte uns Jesus in der Fußwaschung vor. Es geht um Demut! Dienen bei Christus heißt: unten ist oben. Deshalb darf in der Kirche nicht von oben nach unten regiert werden, höchstens gedient. Das ist unsere Chance und meine Hoffnung, dass wir endlich unser Machtstreben und Bedürfnis nach Selbstbehauptung ablegen. So verstehe und erlebe ich Taizé. Das hat Frère Roger glaubwürdig verkörpert. Und so deute ich auch Ihren Appell, das Papstamt stärker als ein pastorales Dienstamt zu sehen.

FRÈRE ALOIS: Ja, auch Frère Roger hat von diesem pastoralen Dienstamt gesprochen. Als Prior hat er uns nicht in eine Enge, sondern in eine Weite geführt. Jugendlichen aus allen Kirchen sollte damit die Universalität der Kirche erfahrbar gemacht werden. Es ist heute ganz wichtig, dass wir Christen diese Universalität wirklich leben, vorleben. Und das müssen wir gemeinsam tun!

SIEGFRIED ECKERT: Genau das ist ein bisschen meine Sorge, wenn ich die Entwicklung in der EKD betrachte und das wachsende Bedürfnis, eine evangelische Kirche in Deutschland zu sein. Zu viel nationales Selbstbewusstsein ist auch ein Risiko in der Orthodoxie. Je stärker wir eine Kirche national interpretieren, desto mehr innere Grenzen und Vorbehalte gegenüber dem anderen schaffen wir.

FRÈRE ALOIS: Wenn die Kirche nur national verfasst ist, fehlt etwas ganz Entscheidendes: die Weite. In einer sich globalisierenden Welt sind wir Christen herausgefordert und haben wir die Pflicht, ein positives Beispiel von Globalisierung zu geben.

SIEGFRIED ECKERT: Gottes Geist wirkt global. Bei Luther hat seine Wertschätzung des landesherrlichen Kirchenregiments dazu geführt, dass er nicht nur in den Bauernkriegen der Wirkung des Geistes reservierter gegenüberstand, sondern auch mancher Täuferbewegung oder einem Thomas Müntzer. Luther war der festen Überzeugung, dass wir als Kirche nur mit dem Wort kämpfen und nicht mit Waffen. Daraus wurde später die »Zwei-Reiche-Lehre«, die bis heute mancher Kritik ausgesetzt ist. Können Sie das verstehen?

FRÈRE ALOIS: Ja. Heinz Schilling spricht in der Biographie über Luther davon, dass das Trennen der Welt in zwei Regimenter auch bedeutet, große Verantwortung an die weltliche Autorität abzugeben. Können wir das völlig? Wir sind doch mitverantwortlich für das Heil der Menschen und stehen damit auch in einer sozialen Verantwortung. Helmut Schmidt sagte einmal deutlich, dass die Kirche eine wichtige Rolle spielt und sie die Politik an ihre Werte zu erinnern hat, weshalb solche Durchlässigkeit in Deutschland auch institutionell anzustreben wäre.

SIEGFRIED ECKERT: Deshalb ist unsere Verfassung ein »Gemischtwarenladen« aus Kirche und Staat ...

FRÈRE ALOIS: Auf eine sicher gute Weise. In anderen Ländern geschieht das ganz anders. In Frankreich hat die Kirche erstaunlicherweise auch eine moralische Autorität, wird gehört, ohne dass dies verfassungsmäßig so verankert ist wie in Deutschland.

SIEGFRIED ECKERT: Der Laizismus in Frankreich ist ein deutliches Signal der Trennung: Haltet auseinander, was auseinander gehört, oder nicht?

FRÈRE ALOIS: Ja, aber die Kirche hat dadurch einen höheren Stellenwert und spricht deshalb auch freier. In den verschiedenen Parteien werden die Stellungnahmen der Kirchen durchaus ernst genommen, obwohl Kirche und Politik formal auseinandergehalten werden.

SIEGFRIED ECKERT: Haben Sie mitbekommen, dass auf der letzten EKD-Synode in Bremen Martin Luthers Schriften über die Juden, besonders seine Spätschrift und deren Wirkungsgeschichte, sehr kritisch in Erinnerung gerufen wurden? Hat Sie das erreicht, dass da so mancher Schatten auf Luther lastet?

FRÈRE ALOIS: Ja. Es ist sicher gut, dass die EKD sich damit auseinandergesetzt und dazu Stellung genommen hat. Luther suchte zunächst die Annäherung an die Juden. In Wittenberg hatte er erwartet, dass sie ihn verstehen würden. Dann war er, wenn ich das richtig verstehe, enttäuscht, dass seine Entdeckung von ihnen nicht wahrgenommen wurde. Es ging ihm aber genau darum, dass seine Entdeckung wahrgenommen wird, ernst genommen wird. Das war seine Stärke und gleichzeitig seine Schwäche. Er konnte auch anderen Reformatoren gegenüber sehr hart sein, wenn seine Entdeckung, so wie er sie formulierte, nicht akzeptiert wurde. Die Stärke Luthers hatte eine Schattenseite. Der Historiker Heinz Schilling benutzt in diesem Zusammenhang einmal das Wort »Dialogunfähigkeit«.

SIEGFRIED ECKERT: Toleranz gehörte nicht zu Luthers Lieblingsworten. Sie war nicht so seine Sache.

FRÈRE ALOIS: Hier stellt sich mir auch schon eine Frage. Er musste wohl so unnachgiebig sein, damit die Befreiung des Reformatorischen zu Wort kam. Aber es gibt diese Schattenseite.

SIEGFRIED ECKERT: 500 Jahre Reformation ist mehr als Luther. Wir haben schon gehört, dass Genf und die reformierte Tradition in Taizé eine große Rolle gespielt haben. Gibt es für Sie andere Persönlichkeiten der Reformationszeit, die Sie für sich entdeckt haben?

FRÈRE ALOIS: Ja, zum Beispiel Philipp Melanchthon.

SIEGFRIED ECKERT: Er war ein sehr enger Luthergefährte.

FRÈRE ALOIS: Das stimmt, aber er war gemäßigter als Luther, sodass es zwischen den beiden zu Spannungen kam. Melanchthon hat auf dem Reichstag in Augsburg versucht, die Einheit zu retten. Genauso wie ein Martin Bucer in Straßburg noch lange nach Wegen der Einheit gesucht hat.

Gottfried Hammann, ein Bucer-Spezialist, der selbst aus dem Elsass stammt und in Neuchâtel Professor für Kirchengeschichte war, sagt immer wieder, dass man das Positive der Reformation in Gemeinschaft mit der katholischen Kirche bewahren kann. Und das hat Martin Bucer versucht. In einem seiner ersten Bücher, »Einführung in das gemeinsame Leben« aus dem Jahr 1944, nahm Frère Roger auf Martin Bucer Bezug.

SIEGFRIED ECKERT: Sie sehen besonders das versöhnliche Anliegen Bucers. Und was ist mit Zwingli und Calvin?

FRÈRE ALOIS: Anlässlich eines Abendgebets in Zürich vor ein paar Jahren zeigte mir der Pfarrer des Großmünsters das Abendmahlsgeschirr aus Holz, das Zwingli anfertigen ließ, nachdem er das goldene Gerät verkauft hatte, um den Erlös den Armen zu geben.

Was sein Verständnis des Abendmahls betrifft, finde ich es spannend, dass bereits zur Zeit der Reformation eine Auseinandersetzung über die Abendmahlsfrage stattgefunden hatte, die sich durch die ganze Kirchengeschichte hindurchzieht. Schon im Johannesevangelium fragen Menschen: »Wie kann er uns sein Fleisch zu essen geben?« Man spürt bereits dort, dass das Sakrament der Eucharistie etwas so Einzigartiges ist, dass wir uns damit wahrscheinlich immer schwertun werden.

SIEGFRIED ECKERT: Aber wenn ich Frère Roger richtig verstanden habe, kann man sagen, dass er gerade beim Verständnis des Abendmahls seine reformierten Wurzeln – wie soll ich sagen – nicht verlassen hat, sondern nochmal tiefer gegangen ist und den katholischen Grund dieser Wurzeln stärker für sich entdeckt hat?

FRÈRE ALOIS: Ich würde es so sagen: Er hat von den Kirchenvätern und der Orthodoxie her gedacht und dadurch seine Wurzeln in der Alten Kirche entdeckt. Sicher hat später die Erfahrung des gemeinsamen Lebens sein Verständnis noch vertieft. Für die ersten Brüder war das gemeinsame Leben eine sehr große Herausforderung: ein Zeichen des Evangeliums leben, ein »Gleichnis der Gemeinschaft«, wie Frère Roger immer sagte, wirklich ein Leib zu sein. Und diese starke Suche nach Gemeinschaft hat bereits in den Anfängen der Communauté zu einem tieferen Verständnis der Eucharistie geführt. Es war wichtig, dass wir an einem Tisch des Wortes und des Abendmahls zusammenkommen. In beidem – in Wort und Abendmahl, die zusammengehören – wird Christus gegenwärtig. Das Sakrament kann nicht ohne das Wort sein und das Wort nicht ohne das Sakrament. Wenn wir den Leib Christi empfangen, werden wir zu einem Leib. Und dieses »Zu-einem-Leib-Werden« war für die Communauté von großer Bedeutung.

SIEGFRIED ECKERT: Und da ist dieses ich sage mal zeichenhafte Verständnis von Zwingli zu dünn beziehungsweise zu wenig gewesen?

FRÈRE ALOIS: Ja, das zeichenhafte Verständnis der Eucharistie, wie Sie es ausdrücken, wäre zu schwach. Heute entspricht das Eucharistieverständnis der Menschen – besonders der jüngeren Generation – nur noch selten ihrer konfessionellen Zugehörigkeit. Auch innerhalb der evangelischen Kirche findet man verschiedene Verstehensweisen. In der katholischen Kirche gibt es zwar verbindliche Lehraussagen, die aber auch nicht mehr von allen auf die gleiche Weise verstanden werden.

SIEGFRIED ECKERT: Darf ich Sie noch einmal nach Calvin fragen?

FRÈRE ALOIS: Ich habe einmal einen Text von Calvin gelesen, der mich sehr beeindruckt hat: Er spricht davon, dass die Schönheit der Welt durch den Heiligen Geist Bestand hat, dessen Kraft alle Dinge belebt. Die Welt ist *theatrum gloriae Dei*, die Schöpfung ist dazu bestimmt, Schauplatz der Herrlichkeit Gottes zu sein. Auf der anderen Seite war seine

Prädestinationslehre für mich eine Barriere. Ich weiß, dass sich zum Beispiel Karl Barth um ein neues Verständnis bemüht hat, aber ich habe mich nie näher damit beschäftigt.

SIEGFRIED ECKERT: Die Prädestinationslehre, also diese Idee, dass von Anfang an alles vorherbestimmt ist, und dass ein gutes und reiches Leben als ein von Gott besonders gesegnetes Leben verstanden werden kann, beschreiben Sie als eine Barriere. Es geht dabei um die Art und Weise, wie Calvin von Gott und Mensch gedacht hat?

FRÈRE ALOIS: Luther und Calvin waren sehr von Augustinus geprägt, der bereits die Frage gestellt hatte, wie Gnade und freier Wille miteinander zusammenhängen. Diese Frage wurde von Luther und Calvin dann weitergedacht. Allerdings kannte man zur Zeit der Reformation die griechischen Kirchenväter zu wenig, sonst hätte sich vielleicht weniger Pessimismus im theologischen Denken niedergeschlagen. Luther hatte ein pessimistisches Menschenbild, in diese Enge ließ sich die Orthodoxie nicht drängen. Sie hat ein positiveres Menschenbild bewahrt, ohne die Gnade Gottes deswegen zu leugnen.

SIEGFRIED ECKERT: Das finde ich gut wahrgenommen. Im Gespräch mit katholischen Freunden höre ich das öfters. Die sagen, auf der einen Seite hat Luther das Gewissen und die Freiheit und die Gleichheit der Glaubenden sehr betont. Auf der anderen Seite hatte er ein so pessimistisches Menschenbild, dass das auf meine katholischen Freunde schon sehr betrüblich und in gewisser Weise den Menschen verachtend wirkt. Und jetzt gehen Sie noch weiter und sagen: Eigentlich fehlt in dieser abendländischen Tradition, die von Augustin herkommend Mensch und Welt betrachtet, diese orthodoxe, seelenvollere, menschen-, bild- und sinnenfreundlichere Seite?

FRÈRE ALOIS: Die orthodoxe Tradition betont die Verklärung des ganzen Menschseins, sie stellt die Geschichte der Verklärung Jesu in den Mittelpunkt, in der es nicht um eine Geringschätzung, sondern um die Erfüllung des Menschseins geht. Auch die Auferstehung Christi und unsere eigene Auferstehung spielen in der orthodoxen Kirche eine viel größere Rolle.

SIEGFRIED ECKERT: Also nicht nur der alte Mensch, der alte Adam ist da im Blick, sondern der neue Mensch, der neue Adam findet in den Ostkirchen mehr Beachtung?

FRÈRE ALOIS: Christus hat das Menschsein angenommen und ist zum Anfang einer neuen Schöpfung und eines neuen Menschseins geworden.

SIEGFRIED ECKERT: Diesen Blick auf die Alte Kirche finde ich einen schönen Beitrag. Mit der Frage, wie wir Reformation feiern, sind wir bei unseren Wurzeln angekommen und haben zu fragen, ob wir nicht auch viel verloren haben? Ob wir vieles aus der kirchlichen Tradition, was uns mit in die Wiege gelegt wurde, außer Acht gelassen haben?

FRÈRE ALOIS: Die Entdeckung der Gnade und der unverdienten Liebe Gottes war so großartig. Das musste Luther verteidigen, und zwar mit den Möglichkeiten und mit dem Horizont, in dem er gelebt hat. Heute müssen wir uns jedoch fragen: Wie können wir das mehr einbetten in die ganze Kirchengeschichte und in die Weite der Theologie, zu der die orthodoxen Kirchen einiges beitragen können?

SIEGFRIED ECKERT: Da kommen wir an den Punkt, den wir schon zu Beginn angesprochen haben. In der Vorbereitung des sogenannten Reformationsjubiläums herrschte eine gewisse babylonische Sprachverwirrung. Die Lutheraner hätten gerne eine Lutherdekade gefeiert. Den Unierten und Reformierten klang das zu einseitig, die haben den Begriff kassiert. Seither ist vom Reformationsjubiläum die Rede. Damit hat wiederum die katholische Seite Probleme, weil ihr nicht zum Jubeln zumute ist, weshalb diese nun vom Reformationsgedenken spricht. Diese Begrifflichkeit hat wiederum auf evangelischer Seite zu Vorbehalten geführt. Haben Sie von diesen Irritationen etwas mitbekommen?

FRÈRE ALOIS: Ich glaube, im Grunde geht es um die Frage, ob und wie wir 2017 gemeinsam und ökumenisch begehen können. Ich finde den Vorschlag, ein »Christusfest« zu feiern, sehr gut, weil damit das Zentrum des Evangeliums angesprochen wird, auf das hin wir unterwegs sind. Und genau das wollte Luther ja. Es ging ihm zunächst nicht um Abgrenzung, sondern er wollte die Mitte des Evangeliums ins Licht rücken. Wenn uns das 2017 gelänge – das wäre wunderbar!

SIEGFRIED ECKERT: Ich bin jemand, der die Sache anders zu beschreiben versucht: »Christusfest« ist für mich eine ökumenische Kompromissformel. Sie meinen also, dass man weder unter dem Begriff »Jubiläum« noch unter »Gedenken« ein ökumenisches Fest feiern könnte?

FRÈRE ALOIS: Beide Begriffe bringen nicht genügend zum Ausdruck, worum es wirklich geht. Und diese Schwierigkeit würde, denke ich, durch das Wort »Christusfest« überwunden.

SIEGFRIED ECKERT: Ich sehe das so: »Christusfeste« feiern wir an Weihnachten und Ostern. Aber ein Geburtstag ist ein Geburtstag. Und Pfingsten ist Pfingsten. Meine Sorge ist, dass wir mit dieser Kompromissformel Dinge verschleiern, die auf den Tisch sollten, die klar benannt werden müssten. Schließlich geht es um den protestantischen Urknall vor 500 Jahren, als Luther seine 95 Thesen an die Tür der Weltgeschichte donnerte.

FRÈRE ALOIS: Die Schwierigkeit ist, dass wir nicht nur einen historischen Augenblick feiern, sondern eine ganze Epoche. Und das wird an einem historischen Augenblick festgemacht, der die Trennung noch nicht besiegelt hatte, sondern zunächst einmal ein Aufbruch war. Die Thesen Luthers waren ein »Infrage-Stellen«. Dieser Aufbruch verdient zwar ein Jubiläum, aber wir können ihn nicht von dem trennen, was er ausgelöst hat. Ein Jubiläum könnte nur an diesen positiven Aufbruch gebunden sein. Andernfalls würden wir die Trennung feiern! Ich glaube, wir müssen – ob Jubiläum oder Gedenken – immer beide Aspekte im Auge behalten: Wir müssen für den Aufbruch danken und gleichzeitig um Vergebung bitten für unsere Trennung.

SIEGFRIED ECKERT: Und den Schmerz benennen?

FRÈRE ALOIS: Auch das, denn es braucht beides. Und wenn wir nur von einem Jubiläum sprechen, wird der andere Aspekt von vornherein ausgeblendet. Das wäre, denke ich, nicht richtig.

SIEGFRIED ECKERT: Der neue EKD-Ratsvorsitzende, Heinrich Bedford-Strohm, hat den Begriff des »Christusfestes« sofort nach seiner Wahl im letzten Jahr aufgegriffen und übernommen, auch um die ökumenische Nähe, die er mit Kardinal Marx in München pflegt, in dieses Jubiläum einzubringen. Es wird im Festjahr 2017 einen ökumenischen Gottesdienst geben, der unter der Überschrift »Healing memories« versucht, den Schmerz, die Trennung und die Schuld zu benennen und den Wunsch nach Versöhnung zum Ausdruck zu bringen, um sich danach wieder Stück für Stück näherzukommen. Wissen Sie von dieser Vorbereitung?

FRÈRE ALOIS: Nicht im Einzelnen, aber man liest das eine oder andere in der Presse.

SIEGFRIED ECKERT: Das wäre doch auch ein guter Ort, den Geist von Taizé, den gelebten Geist der Versöhnung einzuspielen. Wie wäre es, so einen Buß-Versöhnungs-Schmerz-Gottesdienst zu begleiten?

FRÈRE ALOIS: Wir sind zu einer »Nacht der Lichter« in Wittenberg eingeladen, einem Abendgebet auf den Elbwiesen am Vorabend des großen Gottesdienstes zum Abschluss des Kirchentages. Darauf freuen wir uns und das wird unser Schwerpunkt sein.

SIEGFRIED ECKERT: Von Taizé aus haben Sie einen gesunden Abstand zum deutschen Protestantismus. Ich denke, die evangelische Kirche in Deutschland, aber auch andere stehen in der Gefahr, 2017 eine zu große Symbolkraft zu geben und sich darüber zu sehr mit eigener Bedeutsamkeit aufzuladen. Wo sehen Sie – soweit Sie ihn verfolgen können – im deutschen Protestantismus Beharrungstendenzen, bei denen Sie denken: Mensch, ihr könntet euch nach 500 Jahren auch ein bisschen mehr bewegen?

FRÈRE ALOIS: Wir sehen vor allem, dass für viele Jugendliche die Traditionen keine große Rolle mehr spielen. Das gilt für alle historischen Kirchen, nicht nur für die evangelischen Kirchen in Deutschland. Die Jugendlichen nehmen die befreiende Wirkung des Evangeliums im Gottesdienst nicht mehr wahr. Das gibt uns sehr zu denken. Wir sagen ihnen zwar immer: Geht in eure Kirchengemeinden, geht in eure Ortskirchen! Gleichzeitig wissen wir aber, dass das nicht so leicht ist. Dafür gibt es viele Gründe: Den Jugendlichen fällt heute alles Regelmäßige schwer. Sie suchen punktuelle Ereignisse, die sie ansprechen. Die Ortskirchen leben jedoch von einer regelmäßigen Beteiligung. Wie können wir auf diese moderne Mentalität eingehen? Wir müssen den Jugendlichen noch viel mehr zuhören. Dies ist eine konkrete Notwendigkeit: Jugendliche bräuchten nach ihrem Besuch in Taizé zu Hause jemanden, der Zeit hat, um ihnen zuzuhören, der sie zum Beispiel fragt, was das, was sie erlebt haben, für ihren Alltag bedeutet und wie man eine Brücke zum Kirchenalltag zu Hause schlagen kann.

SIEGFRIED ECKERT: Ich habe meinen Jugendlichen, mit denen ich nach Taizé gefahren bin, immer gesagt: Passt auf, wenn ihr auf »Wolke sieben« seid in Taizé, dann folgt meist zu Hause eine Bauchlandung. Das müsste man noch mehr in den Blick nehmen, und zwar in jeder Kirche, egal, welcher Konfession: Seht zu, dass ihr diesen Brückenschlag zur Jugend hinbekommt, ihnen aufmerksam begegnet, ihnen zuhört! Macht euch bewusst Gedanken über das Wieder-nach-Hause-Kommen in euren Gemeinden!

FRÈRE ALOIS: Es geht tatsächlich um einen Brückenschlag. Wir möchten nicht, dass sich nach einem Aufenthalt hier zu Hause plötzlich alles um Taizé dreht. Wir hoffen, dass die Jugendlichen den Mut finden, sich daheim einzubringen. Dort ist vielleicht etwas ganz anderes wichtig als in Taizé. Es geht immer um die Frage, wie wir unseren Glauben gemeinsam leben können.

SIEGFRIED ECKERT: Ich möchte noch einmal nachfragen. Frère Roger hat sich aus seiner französisch-reformierten Tradition besonders in zwei Punkten herausgeschält: Der eine war das Verständnis der Eucharistiefeier. Und der zweite Wunsch war, dass der Protestantismus, der in der Diaspora unter der katholischen Kirche auch sehr gelitten hat, das Papstamt als Dienstamt anerkennt. Ich würde Ihnen fast in den Mund legen wollen: Wäre das nicht ein Wunsch, den man an den Protestantismus auch heute noch haben könnte, sich nach 500 Jahren mit dem Verständnis des Papstamtes noch einmal neu auseinanderzusetzen? Denn da ist keine Bewegung erkennbar.

FRÈRE ALOIS: Diese Frage wird tatsächlich viel zu wenig gestellt.

SIEGFRIED ECKERT: Ist das ein Tabu?

FRÈRE ALOIS: So sieht es aus. Dabei wären die Reaktionen Luthers auf das Papsttum durchaus revidierbar. Das Papsttum hat sich seit der Zeit Luthers sehr verändert. Für Frère Roger war die persönliche Begegnung mit Papst Johannes XXIII. ausschlaggebend. Nicht theologische Überlegungen, sondern die persönliche Begegnung mit diesem Menschen hat ihm deutlich gemacht, dass der Bischof von Rom ein Dienstamt für die Universalität der Kirche ausüben kann; nicht, um die Vielfalt zu unterdrücken, sondern um eine Vielfalt in Einheit erst zu ermöglichen. Und mit Papst Franziskus entwickelt sich vieles in dieser Richtung weiter. Es geht nicht um das Papsttum an sich, sondern um die Universalität der Kirche.

SIEGFRIED ECKERT: Und im Papsttum bildet sich das für Sie ab und findet diese Universalität ihre Gestalt?

FRÈRE ALOIS: Ja, das ist richtig. Solange jeder für sich in seinem nationalen Horizont verharrt, fehlt etwas. Es ist natürlich ganz wichtig, dass das Papsttum sich öffnet. Papst Franziskus betont momentan besonders die Synodalität in der Kirche. Das ist eine ökumenische Öffnung der katholischen Kirche, die zugleich eine Einladung ist, neu über dieses Dienstamt nachzudenken.

SIEGFRIED ECKERT: Mein Eindruck ist, dass der Protestantismus mit seinem Impuls zur Vielfalt und Pluralität Gefahr läuft, in zu großer Selbstbezogenheit und Provinzialität zu landen. Dann werden die Stücke der Torte immer kleiner und wir verlieren das große Ganze aus dem Blick?

FRÈRE ALOIS: Ja, so sehe ich das auch.

SIEGFRIED ECKERT: Dann beginnt die Selbstbehauptung: Jeder versucht, sich sein kleines Reich zu sichern. Nur am Rand gefragt: In der evangelischen Kirche in Deutschland gibt es immer mehr Gruppierungen, die versuchen, so etwas wie eine Kirche von unten zu organisieren. Netzwerke bilden sich, tun sich zusammen, weil sie den Eindruck haben, dass die Kirchen in ihren Leitungen, in ihren Strategien die Gemeinden zunehmend vergessen und die Ressourcen und Gelder immer stärker in die Organisation und die Verwaltung von Kirche gehen, anstatt in das Leben der Menschen vor Ort. Bekommen Sie solch ein Unbehagen auch in Taizé mit?

FRÈRE ALOIS: Ja, das nehmen wir natürlich auch wahr. Aber ich habe den Eindruck, dass Jugendliche eigentlich andere Fragen haben. Sie wollen zum Kern gehen, sie fragen: Was heißt Glauben heute? Wie kann ich glauben? Mit wem kann ich mich im Glauben auf den Weg machen? Diese Fragen sind nicht mehr gegen andere gerichtet, auch nicht mehr gegen Kirchenleitungen, die in Wirklichkeit immer weiter aus dem Blickfeld geraten. Jugendliche wollen im Glauben unterwegs sein. Sie brauchen dabei aber Hilfe und Begleitung. Kirche wächst durch die einzelnen Gläubigen. Doch sie ist auch die Gemeinschaft der Getauften, die von oben, von Gott kommt. Deshalb dürfen wir uns nicht mit Parteibildungen zufrieden geben, sondern müssen uns immer neu die Frage stellen: Wie können wir uns mit allen gemeinsam auf den Weg machen?

SIEGFRIED ECKERT: Ich will noch einmal das Bild aufnehmen vom Unten und Oben. Ich sage gerne: Der Baum wächst von unten nach oben, die Kirche auch. Das ist für mich ein wichtiges Bild für Kirche geworden. Gerade wegen seiner Verästelung und Verzweigung bis hin zu den vielen Wurzeln, die so ein Baum braucht, und die Tiefe, um fest zu stehen, wenn die Stürme anrollen. Aber dieses Bild enthält zudem etwas von ganz Oben, wenn man an die Aussaat denkt. Könnte dieses Bild auch beschreiben, wie in Taizé Kirche gelebt wird?

FRÈRE ALOIS: Ja. Der Baum braucht außerdem die Sonne, die von einem ganz anderen Ort her scheint und die wir nicht »machen« können.

SIEGFRIED ECKERT: Ich erspare Ihnen nun die lutherischen, reformierten wie unierten Spannungsfelder: Das Priestertum aller Glaubenden ist für den Lutherforscher Thomas Kaufmann die entscheidende Neuerung des damals aufkeimenden Protestantismus. Mein Eindruck ist: So, wie hier die Gebete sind, wie die Brüder sitzen und wie miteinander gelebt und gesprochen wird, erhält das Priestertum aller Glaubenden in Taizé ein sehr schönes Gesicht. Wie reagiert die katholische und orthodoxe Seite auf eine solche, geradezu evangelische Form einer nahezu hierarchiefreien Kirche? Die Inszenierungen katholischer und orthodoxer Kollegen sind oft doch noch sehr anders?

FRÈRE ALOIS: Seit dem Zweiten Vatikanischen Konzil nimmt die katholische Kirche das »gemeinsame Priestertum der Gläubigen« wieder viel ernster. Aber die Kirchen müssen sich wohl immer wieder die Frage stellen: Wie kommt das auch im Leben der Kirche zum Ausdruck? Ein schönes Beispiel war das gemeinsame Abendgebet mit 45.000 Jugendlichen auf dem Petersplatz während des Europäischen Jugendtreffens vor drei Jahren in Rom. Wir hatten vorgeschlagen, in der Mitte unter dem kleinen Dach, wo für gewöhnlich der Papst Platz nimmt, die Kreuzikone aufzustellen und den Papst leicht seitlich versetzt zu platzieren. Papst Benedikt war einverstanden und ist trotz der Kälte zum Gebet gekommen. Und er betete wie alle anderen die ganze Zeit dem Kreuz zugewandt. Dies war vielen Menschen aufgefallen. Für viele Jugendliche und vor allem für die evangelischen Pfarrer in Rom war das ein großes Zeichen, von dem sie heute noch sprechen. Wir dürfen das kirchliche Amt nicht gegen das »Priestertum aller Gläubigen« ausspielen. Beides benötigt und bedingt einander. Das ordinierte Amt ist dazu da, allen Gläubigen zu helfen, ihr allgemeines Priestertum zu leben. Der Träger des Amtes steht also nicht über den anderen, sondern unter ihnen, sein Amt ist Dienst. Wenn es diesen Dienst nicht gäbe, wäre die Gefahr größer, dass das »Priestertum aller Gläubigen« für andere Anliegen vereinnahmt wird. Sehen Sie das nicht so? Ich glaube, das war auch Luther schon bewusst.

SIEGFRIED ECKERT: Ja, er hat das Amt als Korrektiv, als Gegenüber verstanden, gegen die Schwärmer, Wiedertäufer und Bauern, die sich mit Waffengewalt im Namen Gottes gegen die Obrigkeit erhoben.

FRÈRE ALOIS: Das Amt kann dafür sorgen, dass das Priestertum der Gläubigen nicht instrumentalisiert wird und dadurch etwas sehr Wesentliches verlorengeht. Damit das Amt seine Rolle wirklich wahrnehmen kann, muss es natürlich auch als Dienst gelebt werden. Es ist kein Privileg, weder geistlich, noch materiell.

SIEGFRIED ECKERT: Ich bin gerne bei den Benediktinern in Maria Laach. Dort ist nur bei der morgendlichen Eucharistiefeier erkennbar, wer von den Mönchen Priester ist und wer nicht, und das auch nur an der Stola, die die Priester tragen. Doch im Regelfall erleben wir im orthodoxen wie katholischen Raum eine starke Inszenierung der Geistlichen durch ihre prächtige Kleidung. Erkennt man in Taizé, wer ein katholischer Priester ist?

FRÈRE ALOIS: Wir sind alle Brüder und werden alle als Brüder angesprochen. Im Alltag gibt es kein Unterscheidungsmerkmal. Doch wir hören in den letzten Jahren immer wieder aus Frankreich, dass zum Beispiel in den Vororten von Paris muslimische Glaubende sehr sichtbar auftreten. Damit stellt sich für die Christen neu die Frage, wie Kirche im Stadtteil eigentlich sichtbar wird? Vor zehn, fünfzehn Jahren sprach man vor allem hier in Frankreich mehr davon, dass Kirche Sauerteig sein müsse, also unsichtbar.

SIEGFRIED ECKERT: Das fällt Taizé mit katholischer wie orthodoxer Wachsamkeit und Tradition leichter. Wir Protestanten leiden zum Teil an unseren schwarzen Talaren. Das war ursprünglich die Dienstkleidung an den Universitäten, die wir da sehr schmucklos im liturgischen Raum tragen. Ich höre heraus, dass die Frage nach der Zeichenhaftigkeit für Sie auch eine liturgische Frage und somit auch Kleidungsfrage sein kann?

FRÈRE ALOIS: Es braucht Zeichen. Wir tragen beim Gebet unser weißes Gewand. Das ist ein Zeichen dafür, dass wir als Gemeinschaft zusammengehören; aber es erinnert uns auch an die Taufe. Paulus sagt: »Ihr habt Christus als Gewand angelegt.« Das ist ein Zeichen und zugleich eine Herausforderung. Es geht nicht um das Zeichen an sich, sondern darum, der Bedeutung des Gebetsgewandes im eigenen Leben gerecht zu werden. Das ist eine große Herausforderung. Nach dem Abendgebet hören wir den Jugendlichen in der Kirche zu und bitten Priester und evangelische Pfarrer und Pfarrerinnen, das Gleiche zu tun oder für die Jugendlichen da zu sein, die beichten möchten. Dazu ziehen dann viele, nicht alle, ein weißes Gewand an.

SIEGFRIED ECKERT: Worin sehen Sie »Nebenwirkungen« und »Kollateralschäden« der Reformation? Der Theologe Friedrich Wilhelm Graf sagt in seinem wunderschönen Büchlein über den Protestantismus: Man kann eigentlich gar nicht vom Protestantismus sprechen, sondern sollte besser von Protestantismen sprechen. Er beschreibt damit, wie plural der protestantische Urknall sich in der Geschichte ausgewirkt hat, wie sehr sich dieser Impuls bis heute ausdifferenziert. Und ich höre von katholischen Freunden: Ihr seid so »viele bunte Smarties«. Ihr tragt zur Einheit der Kirche nichts bei. Im Gegenteil, ihr spaltet euch immer mehr auf. Verzweifeln Sie auch manchmal an der Pluralität im Protestantismus, oder sehen Sie darin eher einen Ausdruck von der »Freiheit eines Christenmenschen«?

FRÈRE ALOIS: Mit diesen nicht enden wollenden Spaltungen entstellen wir das Bild Christi. Wir haben gerade von Gewändern gesprochen: Es wurde immer wieder ein Zeichen darin gesehen, dass das Gewand Christi nach seiner Hinrichtung von den Soldaten, die seine letzten Habseligkeiten untereinander aufteilten, nicht zerschnitten wurde. Die Einheit gehört ganz wesentlich zum Evangelium. Wer sind wir, wenn wir in einer Welt, die sich einerseits immer mehr globalisiert, die aber andererseits auch immer mehr zerfällt, kein Zeugnis der Einheit und der Versöhnung geben?

Christus hat nicht getrennt, sondern zusammengeführt. Und Paulus ist den großen Schritt gegangen, die Trennung zwischen Juden und Nichtjuden zu überwinden.

Der einzigartige Schatz der Kirche liegt darin, die Einheit aller Menschen zu ermöglichen, nicht im Pluralismus. Der Pluralismus ist ein menschlicher Schatz. Er ist naturgegeben und sogar notwendig, aber das Evangelium ruft uns auf, darüber hinauszugehen. Uns aufgrund des bestehenden Pluralismus voneinander abzugrenzen und in der Abgrenzung unsere Identität zu suchen, hat nichts mit dem Evangelium zu tun. Das geschieht zwar noch oft, aber wir nehmen damit dem Evangelium seine Leuchtkraft. Wir sollen zusammenführen, was getrennt ist, und zwar nicht nur zwischen den Konfessionen, sondern immer mehr auch zwischen den verschiedenen Kulturen. Dieser Aspekt der Ökumene wird noch viel zu wenig ins Auge gefasst.

SIEGFRIED ECKERT: Lassen Sie uns einen Sprung durch die Zeit machen. Stellen Sie sich vor, heute Abend käme Martin Luther nach Taizé und würde sich in Ihre Versöhnungskirche setzen, mit Ihnen das Abendgebet feiern, und nachher sitzen Sie noch eine Weile zusammen. Was glauben Sie, wie er sich hier fühlen würde?

FRÈRE ALOIS: O, ich denke, ihm würde das Bier fehlen, aber er würde sicher gerne singen! Er würde beim Abendgebet wahrscheinlich eine Bibelauslegung vermissen. Die vielen fremden Sprachen würden ihn wohl erstaunen; die weite Welt hatte Luther wenig im Blick. Obwohl er im 16. Jahrhundert lebte, einem Zeitalter großer Entdeckungen, scheint er sich nie die Frage gestellt zu haben, was diese weltweite Umwälzung für das Christentum bedeutete. Heute müssen wir über unseren europäischen Horizont hinausschauen und uns bewusst machen, welche Schätze in den Traditionen der anderen Kontinente verborgen sind.

SIEGFRIED ECKERT: Luther schien sich nicht bewusst gewesen zu sein, dass Kaiser und Papst bereits in ganz anderen Dimensionen dachten. Karl V. konnte für sich beanspruchen, Herrscher eines Reiches zu sein, in dem »die Sonne nicht untergeht«. Luther muss vom aufkommenden Welthandel und Frühkapitalismus einiges mitbekommen haben, weil sein Vater unter der aufkommenden Konkurrenz litt und mit seinem Silberbergbau schlechtere Preise erzielte. Aber er blieb weitgehend in Wittenberg und ließ die Kirche im Dorf. So kann man vermuten, dass Luther über die Internationalität von Taizé und wie hier der Glaube in einer weltweiten Gemeinschaft gelebt wird, staunen würde.

Sie leben hier in Taizé in unmittelbarer Nähe von Cluny, das für das abendländische Mönchtum mindestens genauso wichtig war wie Wittenberg für den Protestantismus. Merken Sie diesen Geist der Reformation hier in dieser Gegend auch in sich selbst? Haben Sie solche »Unruheherde« in sich, wie es bei Luther oder in Cluny der Fall war? Wie stark ist Ihr Antrieb, Dinge zu bewegen und zu verändern?

FRÈRE ALOIS: Ich glaube, das gehört zur Kirche, dieser Geist der Reformation, dieser Geist des Suchens. Wir müssen uns immer wieder fragen: Wie können wir heute das Evangelium leben? Im 16. Jahrhundert hat man sich im Namen des Evangeliums getrennt. Heute wollen wir uns im Namen des Evangeliums wieder zusammenfinden und die Frage nach der sichtbaren Einheit, nach der sichtbaren Versöhnung der Christen stellen. Diese Frage lässt uns keine Ruhe, obwohl wir keine fertigen Antworten darauf haben und keine Lösungen anbieten können. Aber wir können als Communauté, so klein wir auch sind, die Einheit vorwegnehmen. Sie können sich wahrscheinlich kaum vorstellen, wie verschieden wir Brüder sind: Wir kommen aus fast 30 Ländern der verschiedenen Kontinente und wir gehören verschiedenen christlichen Konfessionen an. Ein Bruder stammt aus einer Freikirche in Deutschland, ein anderer hat in Bangladesch über die Baptisten zum Glauben gefunden – er kommt aus einer Hindu-Familie. Es gibt eine unglaubliche Vielfalt unter uns. Unsere Aufgabe als Christen besteht darin, die Einheit vorwegzunehmen, und zwar nicht nur in der Kirche und nicht nur unter den Christen. Andernfalls könnten wir nicht glaubhaft über den Frieden sprechen. Es wird überall vom Frieden gesprochen, aber es werden nicht genügend konkrete Schritte der Versöhnung getan. Versöhnung verlangt, etwas aufzugeben. Das können zum Beispiel bestimmte Bräuche sein, die gut sind und die wir liebgewonnen haben, aber die wir um der Einheit willen aufgeben müssen. Wir dürfen nicht in unseren über die Jahrhunderte entstandenen Gehäusen steckenbleiben. Wir müssen uns heute dem Evangelium stellen und uns von ihm infrage stellen lassen. Das war das eigentliche Anliegen der Reformation! Allerdings sind wir Christen immer wieder versucht, dies umzudrehen.

Siegfried Eckert: Es gegen die anderen zu wenden?

Frère Alois: Ja, wir meinen oft, dass sich zuerst die anderen hinterfragen sollen. Aber Christus und das Evangelium sagen: Alle werden mich erkennen, wenn ihr einander liebt! Nicht, wenn ihr über mich redet, sondern wenn ihr einander liebt. Und das ist gleichzeitig eine Aufforderung zum Dialog: Wir dürfen die historischen Trennungen nicht einfach auf sich beruhen lassen.

Siegfried Eckert: Mich hat es sehr beeindruckt, als Sie von Ihrer Erfahrung mit dem 8. Kapitel des Römerbriefes gesprochen haben; dieser Satz: »Nichts kann uns scheiden von der Liebe Gottes.« Dieser Gedanke taucht hier nun wieder auf: Nichts kann uns trennen.

Frère Alois: Genau das wollen wir mit den Jugendlichen teilen. Wir möchten sie entdecken lassen, dass »nichts sie von der Liebe Gottes trennen kann«. Aber das muss jeder Mensch selbst entdecken, und dazu ist er auf Zeugen dieser

Liebe Gottes angewiesen. Ich erinnere mich noch, als wir 1980 mit Frère Roger in Dresden Landesbischof Johannes Hempel besucht haben. Dieser Mann war für Frère Roger und für mich ein Zeuge Christi, ein Zeuge des Evangeliums. Vor drei Jahren ist er während des Europäischen Treffens nach Berlin gekommen und hat bei einem gemeinsamen Gebet in den Messehallen zu den Jugendlichen gesprochen. Ich habe ihn gebeten, den Segen zu übernehmen. Er hat ganz frei einige Worte gesagt, das hat mich sehr beeindruckt. Da war etwas Tiefes zu spüren, das aus der lutherischen Tradition kommt, genauso wie damals bei ihm zu Hause, in seiner Art, wie er Frère Roger aufgenommen hat. Er hatte ihn damals in die DDR eingeladen und nach dem Treffen weiterhin regelmäßig in der Kreuzkirche Gebete organisiert. Daraufhin begannen Jugendliche, ihm Fragen zu stellen, ihm zu schreiben, auch über die Situation im Land. Und Bischof Hempel hat jedes Mal darauf geantwortet. So kam einiges in Bewegung. Es gibt für mich eine ganze Reihe evangelischer Christen, die so wie Bischof Hempel Zeugen der Liebe Gottes sind. Ich denke zum Beispiel an eine finnische Schriftstellerin, die die Kirche ihres Landes sehr geprägt und den Christen ihres Landes die Universalität der Kirche nähergebracht hat. Sie sprach mehrere Sprachen, war viel in Osteuropa und auch in der Sowjetunion unterwegs – eine sehr dynamische Frau, die aus dem Glauben gelebt hat. Sie hat auch mich sehr geprägt. Wir brauchen Menschen, bei denen man die Mitte des Evangeliums spürt.

SIEGFRIED ECKERT: Bei der Frage nach dem, was Sie reformatorisch umtreibt, haben Sie vornehm und fein im Plural der Gemeinschaft mit »wir« geantwortet. Ich möchte Sie persönlich fragen: Gab es in Ihrem Leben so einen Moment, wie ihn Luther in Worms erlebt hat, in dem Sie sagten: Hier stehe ich und kann nicht anders? Kennen Sie Situationen, in denen Sie sich ganz und gar gefragt fühlten in Ihrem Bekenntnis, Ihrer Haltung, Ihrem Glauben?

FRÈRE ALOIS: Ich könnte keinen vergleichbaren Moment nennen. Es geschieht bei mir mehr in der Kontinuität.

SIEGFRIED ECKERT: Sie waren 1978 noch sehr jung, als Frère Roger Ihnen anvertraute, dass Sie irgendwann einmal seine Nachfolge antreten werden. Als er dies 20 Jahre später auch den anderen Brüdern sagte, war das nicht so ein Moment, wo Sie sich plötzlich bedingungslos gefordert sahen?

FRÈRE ALOIS: Ich war einfach zu jung, um auszuloten, was das bedeutete. Ich war 24 Jahre alt und habe einfach darauf vertraut, dass die Zeit da helfen wird. Es war so unvorstellbar, dass ich damals wahrscheinlich etwas naiv reagiert habe. Vielleicht war es auch besser, auf diese Frage keine Antwort zu haben und nicht zu wissen, was das eigentlich bedeutet und mit sich bringt. Es gab für mich nur einen Weg: es Gott zu überlassen. Entweder ist Gott da oder er ist nicht da. Und wenn er da ist, dann wird er uns helfen, einen Schritt nach dem anderen zu gehen. In dieser Haltung habe ich mich dieser Herausforderung gestellt. Mir hat eine Frau sehr geholfen, die damals für die Schwesterngemeinschaft von St. André im Nachbarort von Taizé verantwortlich war. Sie war zu der Zeit schon sehr alt, aber eine ganz wunderbare Frau, die vor allem zuhören konnte. Ich habe sie einmal gefragt, wie ich damit umgehen solle, und ihre Antwort war erstaunlich einfach: nicht zu viel daran denken! Das hindert nur daran, sich in jedem Augenblick auf Gott zu verlassen. Man denkt sich dann irgendwelche Strategien aus, aber das kann nicht der Weg sein. Frère Roger hat das auch immer so gehalten: Er hat mir und uns nie gesagt, was wir nach seinem Tod einmal tun sollen. Kein: »Gebt acht! Macht dies oder das!« Nie!

SIEGFRIED ECKERT: Hat er kein langes Testament hinterlassen?

FRÈRE ALOIS: Nein, er hat uns keine Anweisungen hinterlassen, sondern aus dem Vertrauen gelebt. Ich glaube, das war in Wirklichkeit eine große Hilfe. Der Übergang gelang vielleicht deshalb so gut, weil wir nach seinem Tod Tag für Tag aus dem Vertrauen in die Gegenwart Gottes lebten und uns nicht zu sehr auf uns selbst verließen. Aus diesem Vertrauen heraus versuchen wir immer wieder zu erkennen, was gut ist und was nicht. Das Vertrauen schläfert nicht ein, wir sind keine Schlafwandler. Sondern dieses Vertrauen macht wachsam im Augenblick selbst.

SIEGFRIED ECKERT: Als Mose seinen Hirtenstab an Josua übergab, sprach Gott zu ihm: »Sei getrost und unverzagt.« Der Junge wusste auch nicht, wie ihm geschah. Er sollte auf einmal Mose beerben. Gab es bei Ihnen in den letzten zehn Jahren, seit Sie den Dienst als Prior tun, auch Momente, in denen Sie verzagt waren?

FRÈRE ALOIS: Sicher, ja. Es gibt keine Verantwortung, die nicht auch Momente der Entmutigung mit sich bringt. Manchmal weiß man tatsächlich nicht, wie es weitergehen, wie man weitermachen soll. Unsere kleine Communauté ist sehr verwundbar und verletzlich. Wir sind keine feste Institution und müssen immer wieder zu dem zurückkehren, was für das Evangelium im Mittelpunkt steht. Das sage ich mir in solchen Situationen. Für Frère Roger war die Barmherzigkeit die Mitte des Evangeliums. Barmherzigkeit ist ein Wort, das heute wenig benutzt wird, aber wir verwenden es, auch den Jugendlichen gegenüber, besonders in diesem Jahr. Wir können jedoch von Barmherzigkeit nur dann sprechen, wenn wir sie unter uns Brüdern auch leben. Das ist für die Jugendlichen, die hierher kommen, eine Quelle. Es gibt nicht nur eine moralische Botschaft, sondern auch eine Quelle. Und diese Quelle muss die gelebte Brüderlichkeit sein. Das ist wunderbar einerseits, und gleichzeitig auch das Schwierigste.

III.

Mehr Ökumene wagen

SIEGFRIED ECKERT: Das Stichwort »Barmherzigkeit« hat Papst Franziskus mit seinem Heiligen Jahr aufgenommen. Sie vertreten die Überzeugung, dass Christus denjenigen, der ihm nachfolgt, zu den Menschen sendet, um die Wunden der Trennung zu heilen. Warum fällt das der Christenheit so schwer? Schon in der Gemeinde von Korinth gab es Streitigkeiten und Parteiungen. Warum sind wir noch nie Einheitschristen gewesen?

FRÈRE ALOIS: Wo immer Menschen zusammenleben, braucht es eine Akzeptanz des anderen. Der andere ist anders als ich. Das ist eine riesengroße Bereicherung, aber auch eine große Schwierigkeit. Hier spiegelt sich in der Kirche das, was sich zwischen zwei Menschen im Kleinen abspielt. Gerade da will das Evangelium uns weiterführen, indem die Versöhnung uns auf Christus hin zentriert. Wir werden einander nicht gleichgemacht, sondern wir schauen in unserer Andersartigkeit gemeinsam auf Christus, der uns am Kreuz miteinander versöhnt. Das erleben wir unter uns Brüdern ganz konkret. Wir kommen nicht deshalb drei Mal am Tag zum Gebet zusammen, weil es so schön ist, sondern weil es für unsere Gemeinschaft lebensnotwendig ist. Die Brüderlichkeit unter uns würde ohne das gemeinsame Gebet allmählich verschwinden. Wir müssen immer wieder zusammenkommen und uns gemeinsam auf Christus ausrichten. Es braucht die äußerliche Form, die liturgische Form, die uns hilft, die innerliche Ausrichtung auf Christus zu leben. Wir machen aber auch die Erfahrung, dass sich zum Beispiel kulturelle Differenzen im gemeinsamen Leben nicht immer überbrücken lassen, selbst wenn wir uns noch so große Mühe geben. Es gibt Unterschiede, die sehr groß sind und die im Lauf der Jahrhunderte nie überwunden wurden. Ich denke da besonders an die Beziehung zwischen Europa und Afrika. Der Kolonialismus hat Wunden hinterlassen, die noch nicht verheilt sind. So braucht das Zusammenleben als Brüder viel Energie. Wir selbst können diese Unterschiede nicht immer ausgleichen, wir sind daher auf Christus angewiesen. In ihm können wir Unterschiede aushalten, ohne die Einheit zu verlieren. Trennungen werden in der Kirche immer wieder auftauchen, wie schon zur Zeit der Apostel in Korinth. Wichtig ist jedoch, dass diese sich nicht verfestigen, vor allem nicht institutionell, und wir unsere Identität nicht durch Abgrenzung voneinander definieren. Andernfalls schließen wir Christus aus. Deshalb sprach Frère Roger nicht mehr von Ökumene, sondern lieber von Versöhnung: Ich lebe als Versöhnter!

SIEGFRIED ECKERT: Hat er das Wort Ökumene gar nicht mehr verwendet?

FRÈRE ALOIS: Kaum, denn er war nach dem Zweiten Vatikanischen Konzil sehr enttäuscht, dass die sichtbare Einheit der Christen, die er so sehr erwartet hatte, in weite Ferne gerückt war. Die ökumenischen Gespräche hatten dann eher die Tendenz, die Unterschiede herauszuarbeiten, anstatt Versöhnung zu bewirken. Frère Roger sagte immer: Wir müssen uns versöhnen, uns wirklich versöhnen! So hat er persönlich gelebt und so hat er die Communauté auf den Weg der Versöhnung geführt, die Verschiedenheit nicht ausschließt. Aber wenn sich die Verschiedenheit auf Christus bezieht, muss die Einheit das letzte Wort sein.

SIEGFRIED ECKERT: Martin Buber, der wunderbare jüdische Religionsphilosoph, betonte immer wieder, dass der andere anders ist, sein darf und wir den anderen anders sein lassen sollen. Ihm ging es darum, dass die Begegnung dieser jeweils anderen dennoch gelingt: zwischen Mensch und Mensch wie auch zwischen Gott und Mensch, zwischen Ich und Du. Sie sagen, es geht um die Einheit in Christus und durch Christus. Aber diese Einheit ist keine Gleichmacherei?

FRÈRE ALOIS: Nein, und wir können diese Einheit in Christus schon vorwegnehmen. Die bestehenden institutionellen Grenzen, die es noch gibt und die wir nicht wegreden können, sind dann nicht mehr so starr. Es wird uns bewusst, was uns in der Taufe schon geschenkt ist: eine Taufe, ein Leib, ein Herr.

SIEGFRIED ECKERT: In der gegenwärtigen ökumenischen Debatte wird immer noch hin und her überlegt, ob die Einheit nicht schon längst vorhanden ist oder ob sie erst noch hergestellt werden muss. Verstehe ich es richtig: Für Sie ist die Einheit durch die eine Taufe längst vorhanden, sie muss nur als solche sichtbar werden?

FRÈRE ALOIS: Ja, sie ist bereits vorhanden, aber sie muss auch sichtbar werden, und wir dürfen sie nicht verhindern. Das tun wir jedoch durch unsere Trennung. Der orthodoxe Theologe Olivier Clément sagte bei einem Besuch in Taizé einmal: »Hier wird etwas sichtbar von der ungeteilten Kirche.« Christus selbst ist nicht geteilt. Sein Leib kann nicht geteilt sein. Dieses »Sichtbar-werden-Lassen« des ungeteilten Christus ist eine Botschaft des Friedens für die Welt: die Botschaft, dass Frieden möglich und nicht nur ein frommer Wunsch ist. Das sollen wir durch unsere Einheit zum Ausdruck bringen. Aber es braucht eine Sichtbarkeit.

SIEGFRIED ECKERT: Fulbert Steffensky, von dem ich schon an anderer Stelle geschwärmt habe, hat 2009 auf dem Kirchentag in Bremen in einer Bibelarbeit vor 8.000 Menschen im Vorfeld des Zweiten Ökumenischen Kirchentages dazu aufgerufen: Fahrt nach München und feiert dort das gemeinsame Mahl. Die Einheit ist schon längst da. Wartet nicht auf die Offiziellen, die noch hinterherhinken und uns das nicht erlauben wollen. Es war ein bisschen frech und hat auch für Aufsehen gesorgt. Können Sie seine Ungeduld verstehen? Warum kann es nicht auch außerhalb von Taizé heißen: Feiert zusammen, auch wenn die offiziellen Papiere noch nicht fertig sind?

FRÈRE ALOIS: Ich glaube, es gibt immer mehr Situationen, in denen sich diese Frage stellt. Ich denke dabei vor allem an konfessionsverbindende Ehepaare, die wirklich aus dem Glauben zusammenleben. Papst Franziskus hat unlängst in der lutherischen Gemeinde in Rom die Frage gestellt, ob eine gemeinsame Eucharistiefeier erst dann möglich ist, wenn die Einheit sichtbar hergestellt ist, oder ob die Eucharistie nicht auch eine Stärkung auf dem Weg zur vollen, sichtbaren Einheit ist. Es war sicher ein historischer Schritt, diese Frage zu stellen und dadurch zum Nachdenken darüber anzuregen. Er hat auf diese Weise keine Theorie aufgestellt, sondern einem Ehepaar in seiner besonderen Lage eine Antwort gegeben: Wenn ihr gemeinsam betet, dann wächst eure gemeinsame Taufe. Es gibt eine Taufe. Wachst in der Taufe, im einen Taufglauben zusammen! Und gebt diesen Glauben euren Kindern weiter. Der Papst fügte hinzu, ob die Eltern dies in katholischer oder lutherischer Sprache tun, das sei das Gleiche. Er hat die Frage nicht offiziell beantwortet, aber ich finde es sehr schön und mutig, sie neu zu stellen. Das Verständnis der Eucharistie als Wegzehrung hin zur vollen, sichtbaren Einheit darf nicht von vorneherein ausgeblendet werden.

SIEGFRIED ECKERT: Ich kriege da Gänsehaut, wenn Sie das so erzählen. So ging es mir auch, als ich 2014 das erste Buch »Von der Freude des Evangeliums« von Franziskus gelesen habe. Bei dieser Begegnung in der lutherischen Christuskirche in Rom soll er am Ende noch humorvoll angefügt haben, er könne jetzt nicht mehr dazu sagen, denn hier säßen ja auch Kardinäle. Mit seiner Art von Humor hat er die Tür hin zu einem gemeinsamen Abendmahl offenstehen lassen.

Er ist mein Hoffnungsträger für 2017, was die reformatorischen Kräfte in allen Kirchen angeht. Das Abendmahl als Wegzehrung, was für ein schönes Bild! Haben Sie Franziskus schon kennengelernt?

FRÈRE ALOIS: Ich bin ihm drei Mal begegnet: im November 2013, im März 2014 und 2015. Jede der Begegnungen war sehr brüderlich. Er schätzte Frère Roger sehr, obwohl er ihm nie persönlich begegnet ist. Er sagte mir ganz deutlich: Sie müssen als ökumenische Gemeinschaft weitergehen und die Jugendlichen begleiten. Das Wort »begleiten« ist eines seiner Schlüsselworte. Die Menschen begleiten ...

SIEGFRIED ECKERT: Ihnen »Kumpane« sein? Wir sollen Kumpane sein, das hat mir einmal mein indischer Nachbarpfarrer in Bonn erklärt: Seid miteinander unterwegs, teilt das Brot! Das tut Papst Franziskus. Und das klingt doch auch im französischen Wort für »begleiten« an?

FRÈRE ALOIS: Ja, es geht darum, Menschen zu begleiten. Wir sind sehr dankbar für die Begegnungen mit Papst Franziskus. Sie waren für mich und für uns sehr ermutigend. Ein Erbe, das Frère Roger uns hinterlassen hat, ist das Vertrauen zu Taizé, das er in den verschiedenen Kirchen und bei deren Verantwortlichen geschaffen hat. Das erstaunt uns auch heute noch. Am 16. August 2015, an Frère Rogers zehntem Todestag, waren Vertreter vieler Kirchen aus der ganzen Welt hier in Taizé. Das zeigt uns, dass unser Versuch, die Einheit vorwegzunehmen, von den Kirchen unterstützt und mitgetragen wird. Dies ist sehr wichtig. Die Jugendlichen sollen nicht in erster Linie mit Trennungen konfrontiert werden, sondern zu den Quellen des Evangeliums gehen können.

SIEGFRIED ECKERT: Sie hatten 2015 auch einige Jubiläen zu feiern: 75 Jahre Communauté, 100. Geburtstag von Frère Roger, und seit zehn Jahren haben Sie hier Ihr Amt als Prior inne nach dem tragischen Tod von Frère Roger. Sehen Sie das auch so, dass die Bereitschaft aufeinander zuzugehen noch nie so groß war wie heute unter Franziskus?

Frère Alois: Die Bereitschaft ist da, und es gibt schon viel Aufeinander-Zugehen, Aufeinander-Hören. Aber ich denke, wir Christen könnten noch mehr Mut haben und öfter »unter einem Dach« zusammenkommen. Ich sage das, weil wir in Taizé die Erfahrung machen, wie viel dies verändert: Wir Brüder leben in Taizé unter einem Dach, und seit Jahren kommen wir mit unseren Gästen unter dem Dach der Versöhnungskirche zusammen, um uns gemeinsam Christus zuzuwenden, um ihn zu feiern und auf ihn zu hören. Das bereitet den Boden für einen fruchtbareren theologischen Dialog vor, der nicht zu einer Alibiveranstaltung wird und Trennungen aufrechterhält.

Siegfried Eckert: Ich will dieses Bild einmal aufgreifen. In meiner Gemeinde müssen wir laut Kirchenordnung die Gebäude, so heißt das, »in Dach und Fach« unterhalten. Manche Gemeinden in Deutschland schaffen das nicht mehr. Deshalb werden Kirchen verkauft und abgerissen. Wenn ich dieses Bild aufnehme, seid Kirche »unter einem Dach«, kann das auch als mutiger Appell zu mehr ökumenischen Gottesdienststätten verstanden werden?

Frère Alois: Durchaus!

Siegfried Eckert: Dann stünde an einer Stelle der Tabernakel und im gleichen Raum würde Abendmahl gefeiert. Meinen Sie das so konkret?

Frère Alois: Ja, ich meine das ganz konkret so! Wenn wir es nicht schaffen, dass unsere Kirchengemeinden mehr auf Tuchfühlung gehen, bleibt Ökumene ein Gespräch zwischen Spezialisten, dessen Ergebnisse in irgendwelchen Schubladen verschwinden. Solche Gespräche gehen zu wenig vom Leben aus und wirken nicht in das kirchliche Leben hinein. Der ökumenische Dialog ist teilweise viel weiter als wir glauben. Nur wird kaum etwas davon umgesetzt, es werden keine Konsequenzen daraus gezogen.

SIEGFRIED ECKERT: Es gibt Menschen, die Sorge haben, dass 2017 groß gefeiert und danach ein dicker Punkt gesetzt wird. Dann wäre nicht mehr passiert, als sein Evangelisch-sein manifestiert zu haben und sich selbst bestätigt zu sehen. Doch die Zukunft der Kirche ist ökumenisch oder sie ist nicht. Ich möchte unser Jubiläum mit einem Doppelpunkt am Ende feiern. Danach muss die Arbeit erst so richtig weitergehen. 2017 erleben wir ein Stück Selbstvergewisserung, aber das geht nicht ohne die anderen Konfessionen. Wer sind momentan ihre verlässlichsten evangelischen Gesprächspartner in Deutschland?

FRÈRE ALOIS: Ich hatte beim Kirchentag in Stuttgart ein kurzes, aber sehr gutes Gespräch mit Bischof Bedford-Strohm, das wir beide fortsetzen wollen. Auch Präses Nikolaus Schneider und seine Frau Anne waren gute Gesprächspartner. Und ich war sehr froh, dass schon bald nach Frère Rogers Tod im Berliner Dom ein Abendgebet, eine »Nacht der Lichter« zusammen mit Bischof Wolfgang Huber stattfinden konnte. Er hat bei dieser Gelegenheit gepredigt, und wir haben gemeinsam vor dem Kreuz gebetet. Ich glaube, das war ein wichtiger Schritt.

SIEGFRIED ECKERT: Immerhin hatte Bischof Wolfgang Huber die, wie ich finde, problematische Redeweise von der »Ökumene der Profile« eingeführt. Das klang in vielen Ohren nach Abgrenzung. Da hat Nikolaus Schneider mit der Rede von einer »Ökumene der Gaben« mehr Dialogbereitschaft gezeigt. Die Evangelische Kirche in Deutschland besteht aus ihren Landeskirchen, die repräsentiert werden von den jeweiligen Kirchenleitungen. Haben Sie Kontakt zu einigen Kirchenleitungen der Landeskirchen?

FRÈRE ALOIS: Wir hatten einen guten Kontakt zu Bischof Ulrich Fischer von der Badischen Landeskirche, der sich für die Vorbereitung des Europäischen Jugendtreffens in Straßburg vor zwei Jahren sehr eingesetzt hat. Bischof Jochen Bohl aus Dresden kam mit Jugendlichen aus Sachsen nach Taizé. Und Bischof Frank Otfried July von der Württembergischen Landeskirche war auch schon einmal hier. In Stuttgart fand 2009 ein ökumenisches Gebet mit ihm und dem katholischen Bischof Gebhard Fürst statt. Es bestehen eine ganze Reihe von Kontakten. Als wir 2003 das Europäische Jugendtreffen in Hamburg vorbereitet haben, waren Maria Jepsen und Bärbel Wartenberg-Potter Bischöfinnen von Hamburg und Lübeck. Aber vor allem kommen viele Pfarrerinnen und Pfarrer mit Jugendgruppen hierher. Auf dieser Ebene bestehen sehr viele lebendige Kontakte.

SIEGFRIED ECKERT: Mich würde der ökumenische Werdegang von Frère Roger interessieren. 1915 wurde er als jüngstes von neun Kindern als Sohn eines reformierten Pfarrers geboren. Wie hat sich der Beruf des Vaters auf seinen Werdegang ausgewirkt? Wie stark hat er sich selbst als Reformierter verstanden?

FRÈRE ALOIS: Sein Vater hatte einen großen Einfluss auf ihn. Frère Roger wollte anfangs Literatur studieren, doch sein Vater hat auf einem Theologiestudium bestanden. Er wollte übrigens als Jugendlicher seine Konfirmation aufschieben.

SIEGFRIED ECKERT: Aus Gewissensgründen?

FRÈRE ALOIS: Ja, aus Gewissensgründen. Er hatte eine Zeit, in der er seinen Glauben zwar nicht grundsätzlich infrage stellte, aber wo der Glaube für ihn nicht mehr selbstverständlich war. Doch für den Vater war die Konfirmation sehr wichtig. Da Frère Roger seinen Vater sehr schätzte und in ihm immer eine Autorität sah, ließ er sich dann konfirmieren.

Er bekam über dessen Beruf auch die Schattenseiten der Kirche mit. Als sein Vater in eine Konfliktsituation geriet, erlebte Frère Roger, wie in einer eigentlich demokratisch funktionierenden Kirche sehr autoritär verfahren wurde.

Die reformierte Kirche mit ihrer demokratischen Verfassung ist nicht automatisch frei von autoritärem Verhalten. Frère Roger kannte die Schwächen seiner Kirche, aber es war ihm wichtig, seinen Weg mit und in der Kirche zu gehen. Deswegen hat er sich ordinieren lassen, obwohl für ihn von Anfang an deutlich war, dass er keine Stelle in der Kirche antreten, sondern nach Frankreich gehen und eine Gemeinschaft gründen wollte. Die Communauté gehörte zunächst zur Reformierten Kirche in Frankreich. Sie schwebte also nicht »in der Luft«. Die ersten Brüder haben anfangs auch evangelische Gemeinden in der Umgebung betreut. Es kam aber wegen des monastischen Lebensengagements der Brüder zu Zerwürfnissen, die Frère Roger viel Schmerz bereitet haben.

Gleichzeitig bestanden schon in den ersten Jahren Kontakte mit der katholischen Kirche. In Lyon gab es damals eine starke ökumenische Bewegung. Der Priester Paul Couturier, auf den die Gebetswoche für die Einheit zurückgeht, war dort eine der prägenden Gestalten, genauso wie Henri de Lubac, ein großer Theologe, der auch schon sehr früh hierher kam. Dieser ökumenische Aufbruch spielte für Frère Roger eine große Rolle. Er wurde sehr bald mit einbezogen, und es war erstaunlich, wie früh der katholische Ortsbischof den Brüdern die Erlaubnis gab, in der romanischen Dorfkirche zu beten. Die einzige Auflage war, dass an der Tür ein Schild angebracht wurde, auf dem stand, dass Katholiken während der Gebete nicht hineingehen sollten. Aufgrund einer Anzeige in Rom aber musste der Ortsbischof seine Erlaubnis zurückziehen. Bei dieser Gelegenheit hörte der damalige Nuntius in Paris, Angelo Roncalli, der spätere Papst Johannes XXIII., zum ersten Mal von Taizé. Einige Jahre später wurde Kardinal Roncalli dann zum Papst gewählt und empfing bereits kurz danach Frère Roger zur Audienz. Sie kannten sich vorher nicht persönlich, aber der

Erzbischof von Lyon hatte dem Papst gesagt, er solle diesen evangelischen Pfarrer so bald wie möglich empfangen. Diese Begegnung hat sehr viel geöffnet, an diesem Punkt hat Frère Roger verstanden, dass Katholizität eine Weite bedeutet. Von da an konnte er seine Identität nicht mehr nur in einer Konfession finden.

SIEGFRIED ECKERT: Ich sage manchmal in meiner unierten Kirche im Rheinland, dass ich aus Bayern komme und einen lutherischen Stallgeruch als Herkunft an mir trage. Auch wenn sich bei mir einiges entwickelt hat und ich mich immer unierter verstehe, kann ich meine Prägung nicht leugnen. Auch Frère Roger wusste, aus welchem »Stall« er kam. Hat er sich auf seinem Weg zu mehr Katholizität weiterhin zu seiner Prägung bekannt oder wollte er ein solches Etikett nicht mehr im Mund führen?

FRÈRE ALOIS: Für ihn war das kein Etikett. Seine Wurzeln und die besonderen Gaben der Reformation haben ihm weiterhin etwas bedeutet, das habe ich schon als Jugendlicher hier entdeckt. Zum Beispiel das Priestertum aller Gläubigen, die Christusbezogenheit des Glaubens und das Wort Gottes, all diese Werte der Reformation hat Frère Roger ganz bewusst bewahrt; ohne sie wäre die Communauté auch nicht denkbar. Aber es schien ihm hilfreicher, besonders auch gegenüber katholischen Christen, diese Werte nicht mehr mit einem Etikett zu versehen.

SIEGFRIED ECKERT: Er wollte damit sagen: Das ist nicht länger typisch evangelisch, sondern eher typisch christlich?

FRÈRE ALOIS: Auf diese Weise, weil es nicht im Namen von Etiketten geschah, konnte eine Versöhnung geschehen. Einmal sagte Frère Roger: »p« bedeutet für uns nicht »protestantisch«, sondern »pastoral«. Aber es ist schwierig, das an bestimmten Momenten im Leben Frère Rogers festzumachen. Das war eine Entwicklung, die länger angedauert hat.

SIEGFRIED ECKERT: Ab 1940 hat sich Frère Roger an der Demarkationslinie erst um die Flüchtlinge vor den deutschen Besatzern gekümmert und nach Kriegsende dann wiederum um deutsche Soldaten, die in Kriegsgefangenschaft waren. War Frère Roger schon immer ein Grenzgänger und Grenzarbeiter?

FRÈRE ALOIS: Ja, und das fing mit seiner Entscheidung an, hierher nach Frankreich zu gehen. Sein älterer Bruder – er hatte einen Bruder und sieben Schwestern – lebte in dem Teil Frankreichs, der von den deutschen Truppen besetzt wurde. Sein Bruder kehrte daraufhin in die Schweiz zurück und sagte, dass man jetzt nicht mehr in Frankreich leben könne. Der junge Roger hat ihm darauf geantwortet: »Aber ich gehe nach Frankreich, in die unbesetzte Zone.« Seinen Vater machte dieser Widerspruch so wütend, dass er ihn vom Tisch wegschickte. Man kann dieses Vorkommnis nur richtig einschätzen, wenn man weiß, welchen Stellenwert die gemeinsamen Mahlzeiten in der Familie Frère Rogers hatten.

SIEGFRIED ECKERT: Das war also dann Höchststrafe für den uneinsichtigen Sohn?

FRÈRE ALOIS: Ja, und daraufhin ist Frère Roger nach Frankreich aufgebrochen, um ein Haus zu suchen. Er wollte Grenzgänger sein. Die konfessionellen Grenzen bestanden für ihn eigentlich schon nicht mehr. Er wollte selbst aufbrechen und als Erstes die eigenen Grenzen überschreiten. So ist er dann später in den 1970er Jahren in die Elendsviertel der südlichen Kontinente gegangen. Damals war hier viel von Gerechtigkeit zwischen Nord- und Südhalbkugel die Rede. Frère Roger meinte: Wir reden nur, aber wir kennen das Elend eigentlich gar nicht. Einige von uns Brüdern lebten damals schon auf den anderen Kontinenten: in Südamerika, Afrika und Asien. Aber Frère Roger wollte die Wirklichkeit der Elendsviertel selbst kennenlernen. Ich war mit ihm in Haiti. Das war eine schlimme Erfahrung. Als Brüder möchten wir in Armut leben, aber erst dort haben wir gesehen, was Armut wirklich ist. Wenn man das erlebt hat, kann man nicht mehr sagen, dass wir als Communauté arm wären.

Das war typisch für Frère Roger: Er wollte aus einer konkreten Erfahrung Schlussfolgerungen für sein eigenes Leben ziehen und nicht umgekehrt, also nicht erst Pläne schmieden und diese dann in die Praxis umsetzen. Frère Roger war ein Praktiker, so wie Luther sagte: *Vera theologia est practica* – Die Praxis macht den Theologen. Das war für Frère Roger sehr wichtig.

SIEGFRIED ECKERT: Es gibt einen Theologen, der zu den frühen Lebzeiten von Frère Roger in Deutschland gewirkt hat: Paul Tillich. Er hat einmal formuliert: Auf der Grenze liegt Wahrheit. Tillich hat wie kaum ein anderer die Grenze als theologischen Erkenntnisort reflektiert. Wusste Frère Roger davon, oder wäre das zu viel vermutet?

FRÈRE ALOIS: Man kann sicher sagen, dass die Grenze für Frère Roger ein theologischer Ort war, aber letztendlich kam er von der Praxis her. In seinen Augen kann man das Evangelium nur verstehen, wenn man die Grenzen wahrnimmt, sie überschreitet und auf die anderen zugeht. Ich habe das als Jugendlicher selbst erlebt, als die Brüder mich damals in die Tschechoslowakei geschickt haben und ich an der Grenze eines kommunistischen Landes die Adressen unserer Kontakte verstecken musste.

SIEGFRIED ECKERT: Sie wurden von Taizé aus in die alte Heimat Ihrer Eltern geschickt?

FRÈRE ALOIS: Meine Eltern kamen aus dem Sudetenland und waren selbst nie in Prag. Nun schickten mich die Brüder dorthin, um die Situation der Kirche kennenzulernen: Christen, die im Gefängnis waren, wie zum Beispiel der evangelische Pfarrer Kocáb, der Arbeitsverbot hatte und in einem Museum als Heizer arbeiten musste. Die Theologiestudenten sind damals zu ihm in den Heizungskeller gekommen, wo er seinen Unterricht hielt, weil dort niemand nachgeschaut hat. Damals habe ich eine Grenze überschritten, die relativ nahe war. Ich habe erfahren, dass die Kirche etwas Wunderbares ist. Wir müssen uns über die Grenzen hinweg kennenlernen, um das Evangelium zu verstehen. In diesem Sinn kann man durchaus sagen, dass die Grenze ein theologischer Ort ist.

SIEGFRIED ECKERT: Frère Roger war, mit Unterbrechungen, vier Jahre lang als Beobachter beim Zweiten Vatikanischen Konzil und hatte viele Hoffnungen darauf gesetzt. Wann und wie kam der Moment der Ernüchterung und Enttäuschung für ihn?

FRÈRE ALOIS: Zum Teil schon während des Konzils. Er hatte sich viel mehr erwartet. Er hatte gehofft, dass die sichtbare Einheit der Christen bald kommen würde. Doch bereits nach relativ kurzer Zeit hatte er den Eindruck, dass die Ökumene immer mehr zu einer Alibiveranstaltung wurde, zu einer Ausrede, um sich nicht wirklich zu versöhnen, sondern auf Distanz zu bleiben. Er sagte sich, es wird immer offene Fragen geben, aber er wollte diese Fragen nicht mehr nur von außen an die katholische Kirche herantragen. Er suchte nach Gemeinschaft und nach einem gegenseitigen Verstehen, um dann auch Kritik äußern zu können. Aber diese Gemeinschaft kam nicht. Gleichzeitig gingen jedoch andere Türen auf: die Begegnung mit den lateinamerikanischen Bischöfen zum Beispiel, die für Frère Roger sehr hoffnungsvoll war. Dom Hélder Câmara war für Frère Roger ein guter Freund. Ich habe ihn noch hier in Taizé erlebt. In Briefen an seine Diözese spricht er von Frère Roger. Aber auch zu anderen lateinamerikanischen Bischöfen und zur dortigen Bischofskonferenz gab es intensive Beziehungen. Frère Roger hat auch über die »Operation Hoffnung« eine erste große Bibelaktion gestartet: Eine Million Neue Testamente wurden damals an die Basisgemeinden in Lateinamerika geschickt. Diese Verbindungen haben viele Türen geöffnet. Aber die Enttäuschung in der Ökumene war für Frère Roger mit ein Grund, sich der Jugend zuzuwenden. Er sagte: Die Jugendlichen müssen das machen! Damals kamen immer mehr Jugendliche nach Taizé. Sie waren sehr kritisch gegenüber jeder Art von Autorität und Institution und auch gegenüber der Kirche. Sie forderten Gerechtigkeit. Manche haben sehr extreme Positionen vertreten und sich die Frage gestellt, ob nicht sogar Gewalt berechtigt ist, um ungerechte Systeme zu verändern. Frère Roger hat diese Jugendlichen ernst genommen, er hat erkannt, welches Potenzial in ihnen steckt und wollte nicht, dass sie aus der Kirche auswandern. Er sagte immer: Wir müssen die Jugendlichen aufnehmen und sie in dieser schwierigen Zeit begleiten. Er hoffte, dass sie die Einheit vorantreiben würden. So kam es 1974 zur Idee eines »Konzils der Jugend«. Ein solches Konzil sollte die Forderungen und Bestrebungen der Jugendlichen bündeln, anstatt ihnen Vorwürfe zu machen.

Siegfried Eckert: Dieses Konzil hatte eine lange Vorbereitungszeit. Für mich ist der Protestantismus die »Konfession der Frage«. Das »Konzil der Jugend« stellte im Vorfeld ebenfalls sehr viele Fragen. Das finde ich eine wunderbare Form, um Jugendliche zu gewinnen.

Frère Alois: Das stimmt. Die Jugendlichen waren in die Vorbereitung entscheidend mit eingebunden. Aber Frère Roger war nicht glücklich damit, dass das »Konzil der Jugend« sehr auf Taizé zentriert war; das hatte er nicht gewollt. Ihm ging es um die Kirche, nicht um Taizé. Daher hat er sogleich Korrekturen angebracht. Und so wuchs die Idee vom »Pilgerweg des Vertrauens«: mit Jugendlichen diesen Pilgerweg des Vertrauens zu gehen, der sie in ihre Kirchengemeinden führen sollte.

SIEGFRIED ECKERT: Für Frère Roger muss es öfters Zeiten gegeben haben, wo er sein Leben als harten Kampf erlebte, er sich von Sorgen bedrückt sah. Er hatte auch eine schwermütige Seite. Hat ihn dieses Ringen um die Einheit der Kirche manchmal so viel Kraft gekostet, dass er die Lust am Leben verlieren konnte?

FRÈRE ALOIS: Ja, dieser Kampf ging manchmal über seine Kräfte. Aber er hat durchgehalten. Es gab Anfeindungen und Anfechtungen von verschiedenen Kirchen, das kostete die Brüder viel Kraft. Was wir in Taizé machen, wurde falsch interpretiert; es hieß, Frère Roger sei konvertiert und katholisch geworden. All dies, weil man nicht verstand, dass jemand versöhnt leben kann, ohne seinen Ursprung zu verleugnen. Diese Fehlinterpretationen belasteten ihn manchmal so sehr, dass Frère Roger sich fragte, wie es überhaupt weitergehen könne. Besonders die zweite Hälfte der 1960er Jahre war für ihn persönlich nicht leicht. Damals hatte er eine Zeit der Schwermut, Jahre, die für ihn sehr bedrückend waren. Aber dann kam mit den Jugendlichen ein neuer Aufbruch.

SIEGFRIED ECKERT: Als Frère Roger vor zehn Jahren so tragisch ums Leben kam, bin ich sofort nach Taizé gefahren, um von ihm Abschied zu nehmen. In der Bibelarbeit, der ich am nächsten Morgen beiwohnte, fiel mir auf, dass sehr genau erklärt wurde, was geschehen und wie mit dem Ereignis umzugehen war. Und es wurde darauf hingewiesen, dass Frère Roger nie katholisch geworden ist. Einige vermuteten das, weil Kardinal Ratzinger ihm bei der Trauerfeier von Johannes Paul II. die Hostie gereicht hatte.

FRÈRE ALOIS: Es war uns wichtig, der Behauptung entgegenzutreten, dass Frère Roger konvertiert sei. Frère Roger ist dem Glauben seiner Herkunft treu geblieben. Gleichzeitig hat er den eucharistischen Glauben der katholischen Kirche ganz geteilt. Er hat in Rom wie auch die anderen Brüder

der Communauté schon seit vielen Jahren die Kommunion empfangen, das war nichts Neues. Neu war nur, dass dies vor laufenden Kameras geschah. Das war ein Zufall, denn Frère Roger wollte den Empfang der Eucharistie nie ins Zentrum der Aufmerksamkeit stellen, sondern immer auf ganz einfache Weise leben. Damit zu provozieren, wäre ihm völlig fern gewesen.

SIEGFRIED ECKERT: Sie haben gesagt, das Zweite Vatikanische Konzil hatte zwei Nebenwirkungen: zum einen die wunderbaren Beziehungen, die entstanden sind, besonders in Richtung Lateinamerika, und Frère Rogers Überzeugung, mehr auf die Jugend zu setzen. Daran anschließend wuchs die Erkenntnis, das »Konzil der Jugend« kann es noch nicht gewesen sein. Und mit einem Mal setzte sich ganz praktisch das Denken von Frère Roger in Bewegung und die Idee eines »Pilgerwegs des Vertrauens« war geboren. Die Idee des Pilgerwegs ist interessanterweise in der Ökumene sehr aktuell. Die letzte ökumenische Versammlung in Busan/Korea hat zu einem »Pilgerweg für Gerechtigkeit« aufgerufen. Zudem pilgern selbst Protestanten – so viel wie noch nie. Auch die Weltjugendtage wurden als Idee von Taizé abgekupfert. Wie fühlt sich das an, zu erleben, wie sehr Taizé für allerlei Kirchen zum inspirierenden Vorbild geworden ist? Bekommen Sie das mit? Werden Sie gefragt: Wie geht so etwas?

FRÈRE ALOIS: Wir merken natürlich, dass da etwas in die Kirchen einfließt. Es freut uns, dass der Gedanke vom Christsein als Pilgersein immer mehr ins Bewusstsein rückt!

SIEGFRIED ECKERT: Eine Ökumene der Gaben praktizierte Frère Roger längst für sich, bevor andere davon sprachen. Worin sah er die besonderen Gaben der drei großen Konfessionen?

FRÈRE ALOIS: Das ist schwer, auf einen Punkt zu bringen. Frère Roger hat ständig neu zu formulieren versucht, worin diese

Gaben bestehen, die wir miteinander teilen können. Für ihn war die evangelische Kirche die Kirche des Wortes, die Kirche, die das Wort Gottes besonders bewahrt hat. Die orthodoxe Kirche hat für ihn besonders das Bewusstsein des Wirkens des Heiligen Geistes bewahrt. Und in der katholischen Kirche sah er besonders die Kirche der Eucharistie. Diese Einmütigkeit im eucharistischen Glauben hat Frère Roger sehr bewegt. Er hat sie in der katholischen Kirche stärker verwirklicht gesehen als in den evangelischen Kirchen, wo die Auffassungen über dieses Thema verschiedene Schattierungen haben. Auch die Universalität fand er in der katholischen Kirche durch ihren Dienst an der Einheit sichtbarer bewahrt. Aber für Frère Roger waren diese Formulierungen nur Versuche, die besonderen Gaben der einzelnen Kirchen zum Ausdruck zu bringen, ohne sie festzuschreiben. Das Leben ist immer wesentlich vielschichtiger.

SIEGFRIED ECKERT: Mich hat als Jugendlicher in Taizé ein kurzer Film über Frère Roger beeindruckt, in dem er seine Wertschätzung der verschiedenen Konfessionen zum Ausdruck brachte. Er nannte bei den Protestanten deren Achtsamkeit auf das Wort Gottes, bei den Katholiken das Verständnis von einem universalen, weltweiten Kirchesein und in der Orthodoxie die Bedeutsamkeit des Heiligen Geistes. Wissen Sie, ob die Repräsentanten der Kirchen mit diesen Zuschreibungen gut leben konnten?

FRÈRE ALOIS: Es gab niemals offizielle Reaktionen, aber Frère Rogers Suche wurde anerkannt. Eigentlich sagte er nichts Neues, sondern beschrieb lediglich etwas, das von vielen anderen auf andere Weise auch schon gesagt worden war. Frère Roger wollte nur, dass wir daraus auch Konsequenzen ziehen. Er wollte sagen: Wir müssen uns von den anderen wirklich etwas schenken lassen! Wenn jeder sagt, wir genügen uns selbst und brauchen einander nicht, kann es zu keiner Versöhnung kommen.

SIEGFRIED ECKERT: Mich hat das als evangelischer Jugendlicher in der bayerischen Diaspora sehr beeindruckt. Aus meiner Münchner Perspektive dachte ich bei Ökumene immer nur an katholisch und evangelisch. Wo hatte ich schon Begegnungen mit der Orthodoxie? Die Wertschätzung des Heiligen Geistes wie auch der Blick dafür, welches Mysterium Ikonen sein können, hat mir in Taizé einen neuen Blick geöffnet für eine Konfessionsfamilie, die mir bis dahin fremd war.

FRÈRE ALOIS: Der Kontakt zur Orthodoxie ist für uns sehr wichtig. Wir sind erstaunt, wie viele junge Orthodoxe den Weg nach Taizé finden. Aus der Ukraine kommen in den letzten Jahren besonders viele, sowohl aus der orthodoxen als auch aus der griechisch-katholischen Kirche, jedoch ebenfalls aus Rumänien, aus Serbien und aus Russland. Die Jugendlichen reisen oft zusammen mit ihren Priestern hier an. Ihre Teilnahme ist eine große Bereicherung für die Wochentreffen.

SIEGFRIED ECKERT: Jetzt habe ich eine Frage, die mich persönlich bewegt, weil ich als Jugendlicher sechs Jahre lang in der charismatischen Bewegung engagiert war. Man schätzt diese neue Erweckungsbewegung auf über 500 Millionen Mitglieder. Es ist nahezu eine neue Konfession, die sich da in den Pfingstkirchen entwickelt, vor allem in Südamerika und in Afrika, gewiss mit zahlreichen protestantischen Impulsen. Professor Walter Hollenweger hat einmal prophezeit, dass die charismatische Bewegung weltweit bald die größte Konfessionsfamilie sein könnte. Wie hat Frère Roger diese Entwicklung eingeschätzt?

FRÈRE ALOIS: Es gibt zwei Aspekte, die Frère Roger hier gesehen hat: Zum einen sah er die Gefahr, dass sich die christlichen Konfessionen immer weiter aufsplitten, was sicher nicht gut ist. Zum anderen erkannte er aber auch das Bedürfnis, Kirche und Christsein auf neue Weise zu leben und dem Heiligen Geist mehr Raum zu geben. Wir schenken in unseren westlichen, historisch gewachsenen Kirchen dem Heiligen Geist zu wenig Beachtung. Wir glauben zwar an den dreieinigen Gott, aber in unserer Lehre von der Kirche und in unserem christlichen Denken kommt der Heilige Geist kaum vor.

SIEGFRIED ECKERT: Ich habe von Leonardo Boff gelernt, dass man mit seinem befreiungstheologischen lateinamerikanischen Ansatz die charismatische Bewegung als ein Wirken des Heiligen Geistes durchaus wertschätzen kann. Er meint, dort bräche viel von einem Priestertum aller Gläubigen auf. Gerade die katholische Kirche sieht in dieser Bewegung in Südamerika aber eher eine große Konkurrenz.

FRÈRE ALOIS: Wenn Mission in einer Art Konkurrenzdenken geschieht, dann ist das sehr schädlich. Einige von uns Brüdern leben im Nordosten Brasiliens, zwei Autostunden von Salvador de Bahia entfernt. In den sehr armen Stadtteilen nimmt die Gewalt immer mehr zu, und schon unter ganz jungen Jugendlichen machen Drogen viel kaputt. Gerade in diesem Milieu entstehen ständig neue Kirchen. Unsere Brüder haben besonders mit einer dieser Kirchen Kontakt, in denen Menschen geholfen wird, von Alkohol und Drogen wegzukommen, indem sie sich ganz auf Jesus konzentrieren. Dort geschieht etwas, Menschen finden Heilung, und da können wir nicht einfach sagen, dass ihnen dieses und jenes fehlt. Wir müssen zuerst einmal anerkennen, dass der Heilige Geist in ihnen wirkt. Ich denke, man sieht allmählich etwas differenzierter, was in diesen Kirchen geschieht und wie das Evangelium in ihnen lebendig ist. Dies könnte eine Basis für Kontakte sein, die zu einer wirklichen Ökumene führen. In dieser Richtung geschieht noch viel zu wenig. Wir waren deshalb sehr dankbar, dass Vertreter evangelikaler Kirchen und Pfingstkirchen im August 2015 an der Gedenkfeier für Frère Roger teilgenommen haben. Wir haben uns vorgenommen, diese Kontakte auszubauen. Aus England zum Beispiel kommen immer mehr Schülergruppen, in denen Jugendliche aus verschiedensten Gemeinden mitreisen, unter anderem auch aus diesen Kirchen. Sie entdecken hier die Stille und das Schweigen, was es in den charismatischen Kirchen nur selten gibt.

SIEGFRIED ECKERT: Sie erzählten mir einmal, dass Frère Roger in seinen jungen Jahren von einer doppelten Kirchenmitgliedschaft geträumt hat.

FRÈRE ALOIS: Ja, das war in den 1960er Jahren. Er hat diesen Vorschlag auch öffentlich gemacht. Es ging ihm darum, die Konfessionsgrenzen in Bewegung zu bringen, mehr Durchlässigkeit zu schaffen. Seine Frage war: Könnte es nicht – zumindest für eine Übergangszeit – eine doppelte Kirchenzugehörigkeit geben? Aber dieser Vorschlag wurde von verschiedenen Seiten kritisiert, und Frère Roger musste ihn zurücknehmen.

SIEGFRIED ECKERT: Im evangelischen Raum gibt es das öfters. Da sind Menschen in ihren Landeskirchen Mitglied und zusätzlich noch in Freikirchen oder charismatischen Gruppen. Dort zahlen sie ihren sogenannten Zehnten und bei uns die Kirchensteuer. Das mag eher eine Spezialität sein. Aber natürlich wäre das auch ein Zeichen in der Ökumene, wenn man sagen kann: Unsere Familie fühlt sich sowohl katholisch wie evangelisch beheimatet. Warum kann sie das nicht auch durch eine doppelte Kirchenmitgliedschaft ausdrücken?

FRÈRE ALOIS: Sicher kann es heute nicht darum gehen, eine doppelte Kirchenmitgliedschaft einzuführen. Aber wir sehen alle, dass die Grenzen zwischen den Konfessionen immer durchlässiger werden. Menschen wandern hin und her zwischen den Konfessionen, nur nehmen wir das in unseren verschiedenen Ekklesiologien noch nicht als Herausforderung wahr.

SIEGFRIED ECKERT: Sondern eher als Gefährdung der Ordnung, wie damals schon bei Frère Roger. Ich würde gerne noch einmal auf Papst Franziskus zurückkommen wollen: Wo haben Sie die größte Hoffnung, mit diesem Papst die Türen der Versöhnung zur Einheit noch weiter aufmachen zu können?

FRÈRE ALOIS: Die Gesten, die er lebt, sind sehr beeindruckend. Er macht deutlich, dass er die Christen der anderen Konfessionen nicht nur ernst nimmt, sondern auch etwas von ihnen erwartet. Er sagt deutlich, dass Ökumene in einem Austausch, in einem Dialog besteht. Dabei geht es nicht nur darum, die anderen kennenzulernen, sondern ebenso darum, die Gaben, die Gott in die anderen gesät hat, als ein Geschenk zu empfangen, das auch für uns bestimmt ist.

SIEGFRIED ECKERT: Das hätte auch Frère Roger so sagen können?

FRÈRE ALOIS: Schon Johannes Paul II. hatte von diesem »Austausch der Gaben« gesprochen. Aber Papst Franziskus geht darin noch weiter und lebt es. Dieses Bewusstsein ist nicht überall gleich stark ausgeprägt. In Deutschland sind wir oft zu sehr mit unserer eigenen Situation beschäftigt. Da ist es nicht falsch, wenn die katholische Kirche sagt, wir müssen die Situation in den verschiedenen Teilen der Welt beachten. Das darf allerdings kein Vorwand sein, stehenzubleiben und alles beim Alten zu lassen. Kann man nicht auch regionale Lösungen finden, die durchaus provisorisch sein können? Ich glaube, Papst Franziskus bereitet viele Menschen in der katholischen Kirche darauf vor, sich noch mehr auf die Ökumene einzulassen.

SIEGFRIED ECKERT: Franziskus ist nun schon mehrfach eingeladen worden, 2016 oder 2017 Deutschland zu besuchen. Nicht alle im evangelischen Raum würden sich in diesem Zeitraum über sein Kommen freuen. Ich frage mich: Wenn er käme, was könnte anders werden, als es bei Benedikt zuletzt der Fall war? Könnte es eine Geste geben, weil er ein Papst der Zeichenhandlungen ist, die etwas voranbrächte im Land der Reformation? Welche Geste der Versöhnung wäre für Sie vorstellbar angesichts dieser 500-jährigen Geschichte von Trennung, Religionskriegen und Abgrenzung?

FRÈRE ALOIS: Ich könnte mir vorstellen, dass Papst Franziskus im Vorfeld von 2017 ganz einfach und persönlich sagt, was wir der Reformation verdanken. Das muss nicht gleich ein offizielles Dokument sein. Er kann das einfacher tun als die Theologen. Es ist ja nicht so, dass davon nie die Rede wäre, aber es wird selten klar und für alle verständlich gesagt. So ein Wort von Papst Franziskus würde viel Entspannung in die augenblickliche ökumenische Situation bringen und gleichzeitig neue theologische Anstöße geben. Damit käme vielleicht auch der Dialog wieder in Schwung, und man könnte noch konkreter nach Wegen der Versöhnung suchen.

SIEGFRIED ECKERT: Können Sie erklären, an welchen kirchlichen Tischen Taizé beratend sitzt? Sind Sie in Rom z. B. offiziell in irgendwelchen Gremien dabei?

FRÈRE ALOIS: Nein. Wir haben als Communauté in keiner Kirche einen offiziellen Status. Der Dialog ist uns wichtig! Und wir sind mit vielen Menschen in der Kirche im Gespräch. Dazu fahre ich auch – wie schon Frère Roger – jedes Jahr nach Rom, um auf Fragen zu antworten, zu erklären, was wir in Taizé leben, und manchmal auch, um Missverständnisse auszuräumen. Wie wichtig es ist, miteinander im Gespräch zu sein, wurde mir besonders bewusst nach der Trauerfeier für Johannes Paul II., bei der Frère Roger aus der Hand Kardinal Ratzingers die Kommunion empfing. Damals sind in Rom von katholischer Seite viele Anfragen dazu eingegangen, und Kardinal Kasper, der in Rom noch für das Einheitssekretariat verantwortlich war, hat uns in dieser Situation sehr geholfen. Wir kannten ihn seit Langem und hatten oft mit ihm gesprochen.

Siegfried Eckert: Aber wenn in Genf der Ökumenische Rat oder in Rom der Rat der Einheit, oder wie die Gremien alle heißen, tagen, sind sie bei keiner dieser Sitzungen fest dabei?

Frère Alois: Wir sind in keiner kirchlichen Organisation offiziell vertreten, werden allerdings punktuell eingeladen und können auf diese Weise unsere Verbundenheit und Gemeinschaft zum Ausdruck bringen. Dabei ermöglicht uns gerade unsere Unabhängigkeit, Gemeinschaft zu leben, das heißt, aufeinander zu hören und bestimmte Dinge mitzutragen. Wir nahmen zu dritt an der letzten Generalversammlung des Ökumenischen Rats der Kirchen in Busan teil. Ich war zweimal eingeladen, bei einer Bischofssynode in Rom dabei zu sein. Besonders die Synode über das Thema »Wort Gottes« war sehr beeindruckend und eigentlich auch sehr ökumenisch. Ein anderes Mal waren wir mit einem ganzen Bus Jugendlicher einen Tag lang in Genf. Wir kennen den Generalsekretär des Weltkirchenrats gut. Er wollte, dass wir gemeinsam überlegen, wie die Ökumene stärker vom Gebet her gelebt werden könne. Das ist ihm ein großes Anliegen. Wir haben dann einen ganzen Tag mit seinem Mitarbeiterstab gesprochen. Auch die Jugendorganisation des Lutherischen Weltbunds hatte uns im Sommer 2015 zu einem Treffen nach Wittenberg eingeladen. Und hier in Frankreich hat ein Bruder in einer Arbeitsgruppe der Vereinigten Protestantischen Kirche Frankreichs über Protestantismus und monastisches Leben mitgearbeitet. Wir halten Kontakte zu den orthodoxen Kirchen. Gleich nach dem Tod Frère Rogers habe ich die Patriarchen von Istanbul und Moskau besucht. Patriarch Bartholomäus hat Frère Roger als Mönch sehr geschätzt. Er sagte oft mit Anerkennung: »Ihr seid Mönche in Taizé.« Und in Moskau sagte mir der damalige Patriarch Alexis: »Wir wollen die Zusammenarbeit mit Taizé vertiefen, weil dort kein Proselytismus betrieben wird.«

SIEGFRIED ECKERT: In einer Geschichte über Taizé wird zur Einweihung der Versöhnungskirche im Jahr 1962 geschrieben: »Der Zement in Taizé ist das Gebet. In einer Kirche, die der Versöhnung geweiht wurde und die ihr Prior damals für viel zu geräumig hielt.« Das finde ich eine wunderbare Beschreibung. Würden Sie sagen, dieses Bild von 1962 trifft heute noch immer zu?

FRÈRE ALOIS: Frère Roger war über die Kirche anfangs sehr unglücklich. Sie erschien ihm viel zu groß, zu imposant, sodass er bei der Einweihung kein Wort sagte, sondern nur einen kurzen Text schrieb, in dem es unter anderem heißt: »Wir wollen lebendige Steine sein, und der Zement soll das Gebet sein.« Er machte sich sehr schnell daran, die Kirche umzugestalten. Der Altar stand ursprünglich viel höher. Vieles wurde vereinfacht, zum Beispiel die ganze Keramikdekoration, die die Brüder gemacht hatten. Und eine Mauer, die den Platz der Brüder abgrenzte, wurde gleich wieder entfernt.

SIEGFRIED ECKERT: Das hatte ja alles einen Symbolwert?

FRÈRE ALOIS: In der Tat. Die Brüder sind damals, sobald weniger Leute da waren, zum Gebet wieder in die kleine romanische Kirche gegangen. Aber bereits zehn Jahre später wurde die neue Kirche zu klein, obwohl die Jugendlichen schon damals eng gedrängt auf dem Boden saßen. Teppichboden wurde ausgelegt, und Frère Roger ist es gelungen, dem Betonbau nach und nach eine gewisse Wärme zu verleihen. Als sich dann für Ostern – ich glaube, das war 1972 – zu viele Leute angemeldet hatten, war die Frage: Sollen wir einem Teil der Jugendlichen absagen, nur weil die Kirche zu klein ist? Doch die Brüder entschieden, einfach die Fassade der Kirche mit ihrem von oben bis unten durchgehenden

Glasfenster einzureißen, um sie mit einem großen Zelt zu erweitern. Allerdings war das Glasfenster das Schönste an der ganzen Kirche, vor allem, wenn bei Sonnenuntergang das Licht von hinten hineinfiel. Aber so war Frère Roger! Er hätte sich nicht vorstellen können, Jugendlichen abzusagen, die hier beten wollten. Er war vielmehr der Meinung, wir müssten etwas tun. Er wollte alle empfangen, alle aufnehmen.

SIEGFRIED ECKERT: Sie selbst haben einmal gesagt: Die Leute sollen mehr miteinander singen, dann kann der Heilige Geist besser wirken. Und Ihre Art des Betens und Singens ist in der Ökumene zu einem gemeinsamen Nenner geworden, der viele zusammenführt. Sind Ihre Gebete auch offen für die anderen Weltreligionen? Wo sehen Sie Gemeinsamkeiten im Dialog der Religionen?

FRÈRE ALOIS: Diesbezüglich ist gerade viel in Bewegung. Nach den Anschlägen in Paris Anfang 2015 haben wir Kontakt mit der Moschee in Chalon-sur-Saône aufgenommen, der nächstgrößeren Stadt hier. Wir sind als Zeichen der Solidarität mit allen Brüdern gemeinsam dorthin gefahren und waren auch bei einem Gebet in der Moschee dabei. Seitdem kommt der dortige Imam regelmäßig hierher. Es gibt in der Gegend auch eine interreligiöse Arbeitsgruppe, die eine sehr gute Arbeit macht und in der auch Juden und Buddhisten mitarbeiten, obwohl es hier nur wenige gibt. Vor Kurzem organisierte diese Arbeitsgruppe ein Treffen bei uns in Taizé. Wir haben einander die Frage gestellt: Was bedeutet Vergebung in deiner Religion? Diese Gruppe trifft sich hin und wieder auch im erweiterten Rahmen, also mit den Familien, und dann kommen auf einmal über 300 Personen aus verschiedenen Religionen zusammen. Ein solches Treffen stand einmal unter dem Thema: »Sag mir, wie du betest!« Am Vormittag wurden Vorträge gehalten, und am Nachmittag betete jede Gemeinschaft reihum, und die anderen waren in Stille dabei. Aber diese Treffen finden nicht bei uns in Taizé statt, sondern wir nehmen nur daran teil. Auch unter den Besuchern in Taizé sind ganz selbstverständlich Angehörige anderer Religionen wie zum Beispiel Muslime, die mit ihren christlichen Freunden kommen, oder buddhistische Mönche. Seit über zwei Jahren kommen wir jeden Sonntagabend zu einer halben Stunde in Stille in der Kirche zusammen – ein ganz einfaches stilles Gebet für den Frieden.

Wir haben zurzeit elf Flüchtlinge aus dem Sudan und aus Afghanistan hier in Taizé, die zuvor im »Dschungel von Calais« waren, in diesem großen Elendsviertel, von wo aus viele versuchen, nach England zu gelangen. Alle elf sind Muslime, und das ist beeindruckend. Für sie waren die Anschläge in Paris ein großer Schock. Da ist es gut, zusammen zu sein, auch ohne vorher die Frage geregelt zu haben, wie man gemeinsam beten kann. Zunächst einmal ist es wichtig, beisammen zu sein, auch beim Gebet des anderen mit dabei zu sein. Kurz nach den Anschlägen in Paris kamen sie zu uns zum Mittagessen und haben davon gesprochen, wie schwer diese Situation für sie ist und wie sehr sie sich schämen für das, was andere im Namen ihrer Religion getan haben. Nach dem Mittagessen haben sie dann für die Opfer der Anschläge gebetet. Das war sehr eindrucksvoll, und ich musste an unsere Brüder denken, die seit 40 Jahren im mehrheitlich muslimischen Bangladesch leben. Die Brüder haben dort gemeinsame Projekte für Kinder mit Behinderungen ins Leben gerufen, dadurch sind viele Freundschaften entstanden. Das Leiden der Eltern gemeinsam zu tragen, verbindet unglaublich. Wenn die Familien zusammenkommen, möchten sie ganz selbstverständlich auch gemeinsam beten, die Menschen sind sehr religiös. Die Brüder versuchen, darin einen guten Weg zu gehen, Synkretismus zu vermeiden. Aber wo Menschen ihr

Leid gemeinsam tragen, ist Christus da. Das ist so offensichtlich, dass das Gebet ganz natürlich dazugehört. Etwas Ähnliches habe ich in diesem Moment mit den Sudanesen gespürt. Wir sind sehr dankbar, dass am 16. August letzten Jahres, als wir den zehnten Todestag von Frère Roger begingen, auch ein Rabbiner aus Jerusalem da war, mit dem wir sehr gut befreundet sind. Ich habe ihn gebeten, beim Mittagessen das Tischgebet zu sprechen, aber er schlug vor, für Frère Roger auf Hebräisch das jüdische Totengedenken zu singen, und das war sehr ergreifend.

SIEGFRIED ECKERT: Hat er den Kaddisch, das jüdische Totengebet, gesungen?

FRÈRE ALOIS: Ja, genau.

SIEGFRIED ECKERT: Machen wir einen großen Sprung, heraus aus den interreligiösen Fragen, hinein ins Reich der Fantasie. Was wäre, wenn Frère Roger für einen Tag Papst gewesen wäre? Was hätte er in seiner ersten Amtshandlung wohl reformiert?

FRÈRE ALOIS: Er hätte bestimmt eine Menge Ideen gehabt. Aber vielleicht hätte er sofort einen der vielen Titel des Papstes ganz groß geschrieben: »Diener der Diener Christi«.

SIEGFRIED ECKERT: Er hätte sich also an das Amtsverständnis des Papstes herangewagt?

FRÈRE ALOIS: Ich könnte mir zumindest vorstellen, dass er in einer solchen Situation sofort an Johannes XXIII. gedacht und diesen Titel unter den vielen anderen Titeln des Papstes besonders herausgestellt hätte. Aber ich weiß es nicht.

SIEGFRIED ECKERT: Zumindest ist es eine schöne Idee. Bei einem der Europäischen Jugendtreffen in Rom hat Frère Roger in der Gegenwart von Johannes Paul II. einmal gesagt: »Durch das Lebenszeugnis meiner Großmutter habe ich meine Identität als Christ darin gefunden, in mir den Glauben meiner Herkunft mit dem Geheimnis des katholischen Glaubens zu versöhnen, ohne mit irgendjemandem die Gemeinschaft zu brechen.« Was für ein schöner Satz! Geradezu eine Steilvorlage für die ökumenische Redeweise von der »versöhnten Verschiedenheit«. Entspricht sie dem Denken Frère Rogers?

FRÈRE ALOIS: Der Satz, den Sie zitieren, war für Frère Roger ganz zentral. Er hat immer wieder neu versucht, das auszudrücken, was er schon mit »doppelter Kirchenzugehörigkeit« gemeint hatte, von der vorhin die Rede war. Letztlich hat er seinen eigenen geistlichen Weg in diesem Satz zusammengefasst. Er hat ihn 1980 beim Europäischen Treffen in Rom im Petersdom in Anwesenheit von Johannes Paul II. geäußert. Und Johannes Paul II. hat diesen Weg Frère Rogers anerkannt: Versöhnung, ohne mit jemandem zu brechen; seinen eigenen Ursprung nicht verleugnen, sondern ihn einbringen. Es ging ihm um Ökumene als Erweiterung und nicht als Wechsel von einer Konfession zur anderen. Letzteres hat Frère Roger nie interessiert. Es ging ihm um die Erweiterung, das Einbringen der eigenen Gaben in versöhnter Verschiedenheit. Frère Roger hat das gelebt, obwohl er die Gefahr sah, dass diese »versöhnte Verschiedenheit« zum Deckmantel werden konnte, um Eigenwilligkeiten zu bewahren. Da war er misstrauisch, weil es ihm darum ging, aufeinander zuzugehen. Diesen Schritt hat er gegenüber der katholischen Kirche ganz getan. Er sagte: Ich will dieser Gemeinschaft einen Vertrauensvorschuss geben und Teil von ihr sein, ohne dabei meinen Ursprung zu verleugnen – ein erster Schritt wirklicher Versöhnung also! Damit ist natürlich die Erwartung verbunden, dass der andere auch einen Schritt tut, dass er darauf antwortet und dass es weitergeht.

SIEGFRIED ECKERT: Es scheint so zu sein, dass in ökumenischen Debatten gerne die evangelische Seite diesen Begriff von der versöhnten Verschiedenheit verwendet in der Hoffnung, das dahinitersteckende Verständnis von Pluralität auch in dieser Art von Einheit bewahren zu können – und dass dies auf katholischer Seite, wenn ich das richtig sehe, gerade deshalb eher zurückhaltend aufgegriffen wird.

FRÈRE ALOIS: Papst Franziskus hat keine Schwierigkeiten mit dem Begriff. Er spricht von einer »mithilfe des Heiligen Geistes versöhnten Verschiedenheit«. Dieser Ausdruck wird jetzt, glaube ich, weitgehend akzeptiert. Es ist klar, dass die Einheit die Verschiedenheit nicht aufhebt, sondern versöhnt.

SIEGFRIED ECKERT: 1972 führte das erste Lebensengagement eines katholischen Bruders in der Communauté dazu, dass der Ortsbischof von Autun, Armand Le Bourgeois, nach Taizé kam und allen Brüdern in gleicher Weise die Kommunion gab. Ist das richtig?

FRÈRE ALOIS: Dazu gibt es eine Vorgeschichte: Schon in den 1960er Jahren hatte Kardinal Bea, der erste Präsident des Einheitssekretariats in Rom, Frère Roger die eucharistische Gastfreundschaft angeboten. Frère Roger hatte das damals noch abgelehnt, weil er sagte: Wenn unser gemeinsames Abendmahlsverständnis die eucharistische Gastfreundschaft möglich macht, dann muss das auch an anderen Orten möglich sein und nicht nur in Taizé. Aber als dann die ersten katholischen Brüder in die Communauté eintraten, stellte sich die Frage neu. Für Frère Roger war es undenkbar, dass sich die Brüder der Communauté zur Eucharistiefeier trennten. Alle Brüder sollten zu einem eucharistischen Tisch gehen und dieses Zeichen der Einheit leben.

Die Beziehungen zum damaligen Ortsbischof von Autun, Armand Le Bourgeois, waren sehr gut. Dieser sagte: Wir sind im Glauben eins, auch im eucharistischen Glauben. Ich kann Frère Roger die Kommunion geben. Frère Roger fuhr daraufhin nach Autun, und der Bischof ließ ihn lediglich das Glaubensbekenntnis von Nizäa-Konstantinopel sprechen. Das hat Frère Roger getan und die Kommunion empfangen. Da fand keinerlei Konversion statt; der Bischof hat eucharistische Gastfreundschaft gewährt und diese auf die ganze Communauté ausgedehnt. Dies war der einzig mögliche Weg für die Communauté, der aber keine Lösung der Frage der Trennung der Kirchen darstellt. In dieser provisorischen Situation leben wir heute immer noch, ohne dass in den Kirchen viel in Bewegung gekommen wäre. Dies ist eine Tatsache, die wir einfach hinnehmen müssen.

SIEGFRIED ECKERT: Ich muss noch einmal nach der Praxis fragen. Ich habe es hier so gelernt und verstanden, dass die Eucharistiefeier vor dem Morgengebet in der Krypta gehalten und dann während des Morgengebets die Kommunion verteilt wird. Gleichzeitig wird während des Morgengebetes an mehreren Stellen in der Kirche gesegnetes Brot gereicht. Vor längerer Zeit wurde ich einmal gebeten, eine evangelische Abendmahlsfeier an einem Freitag in der romanischen Kirche zu halten, was ich gerne getan habe.

FRÈRE ALOIS: Vor allem im Sommer, wenn Gruppen da sind, findet am Freitag oder Samstag immer ein evangelischer Abendmahlsgottesdienst in der romanischen Dorfkirche statt. Es ist uns ein Anliegen, dass das evangelische Abendmahl seinen Platz hat, damit evangelische Jugendliche auch in Taizé die Gelegenheit haben, das Abendmahl nach ihrer Tradition zu empfangen. Gruppen aus Skandinavien und Amerika ist dies besonders wichtig, deutschen Gruppen nicht immer. Genauso werden, wenn orthodoxe Priester da sind, auch orthodoxe Gottesdienste gefeiert. Einmal in der Woche oder an bestimmten Festtagen findet dann eine orthodoxe Eucharistiefeier statt.

SIEGFRIED ECKERT: Aber es gab auch Zeiten, in denen sich während des Morgengebets zwei Jugendliche neben die Kreuzikone stellten und Brot und Wein als Abendmahl reichten?

FRÈRE ALOIS: Ja, aber das stieß auf Kritik, weil so der Empfang von Brot und Wein außerhalb der Abendmahlsfeier stattfand, weswegen wir dies nicht mehr praktizieren. Wir haben jedoch keine Lösung in dieser Frage. Wir können nur versuchen, sehr verantwortlich damit umzugehen. Und das heißt, dem Rechnung zu tragen, was von den Kirchen her offiziell möglich ist. Gleichzeitig wollen wir die Jugendlichen hier nicht ständig mit Trennung konfrontieren.

SIEGFRIED ECKERT: Das versteht ja auch keiner mehr.

FRÈRE ALOIS: Jugendliche können heute nicht mehr nachvollziehen, wenn wir ständig aus einer Verteidigungshaltung heraus argumentieren. Wir haben im Sommer 2015 ein theologisches Symposium veranstaltet, um der Frage nachzugehen, was Frère Roger auf eine vielleicht unakademische Art theologisch zum Ausdruck gebracht hat. Zu dieser Gelegenheit war auch Kardinal Kasper gekommen, er ging in seiner Antwort auf die Fragen der Studenten nach der Eucharistie sehr weit. Er hat besonders die Gewissensentscheidung betont, vor allem im Hinblick auf konfessionsverbindende Ehepaare, und hat klare Voraussetzungen für eine solche Gewissensentscheidung genannt. Dazu gehören der Glaube, dass wir im Sakrament Leib und Blut Christi empfangen, und der Wille und die Sehnsucht nach Einheit, die im Leben zum Ausdruck kommen müssen.

SIEGFRIED ECKERT: Das ist ein richtiger Türöffner für mehr Ökumene am Tisch des Herrn?

FRÈRE ALOIS: Ja, es ist gut, dass die Frage der eucharistischen Gastfreundschaft in der katholischen Kirche neu aufbricht. Papst Franziskus ist mit seinen Worten bei seinem Besuch in der evangelischen Gemeinde in Rom auch in diese Richtung gegangen. Ich glaube, das weist in die Zukunft.

SIEGFRIED ECKERT: Als Protestant ist mir der Begriff des Gewissens sehr vertraut. Ich finde ihn auch deutlich bei dem, was Luther versucht hat, wieder. Welche Rolle spielt das

Gewissen nun im katholischen Raum? Gibt es da nun doch so etwas wie eine Autonomie des Subjekts im Gegenüber zur Lehre der Kirche, bei der ich sagen kann: Mein Gewissen mit dem rechten Glauben kann diese Tür aufmachen, die bisher verschlossen war? Das ist mir neu als Kategorie für eine katholische Lehrweise. Ich frage das sehr ernsthaft.

FRÈRE ALOIS: Das ist sicher eine legitime Frage. Ich könnte darauf keine umfassende Antwort geben. Ich weiß nur, dass im Zweiten Vatikanischen Konzil Entscheidendes dazu gesagt wurde. Ein wichtiges Konzilsdokument ist die Erklärung zur Religionsfreiheit. Sie war heftig umstritten, wurde aber verabschiedet. Es ging nicht zuletzt um die Frage, was die Gewissensfreiheit auch innerkirchlich in Fragen des Glaubens und der Moral bedeutet. Es stellt sich die Frage, wie die Gewissensentscheidung des Einzelnen im Einklang mit dem gemeinsamen Glauben sein kann. Da besteht die katholische Kirche sehr stark auf der Einheit im Glauben. Sie brauchte in dieser Hinsicht mehr Zeit, die Gewissensfreiheit eindeutig positiv zu werten, als die aus der Reformation hervorgegangenen Kirchen.

SIEGFRIED ECKERT: Frère Roger wollte, dass die Communauté den Jugendlichen in allen Dingen zuhört und dass Taizé nicht versucht, so etwas wie ihr geistlicher Meister zu sein. Er sah die Communauté in der Rolle eines Johannes des Täufers, der auf Christus zeigt und verweist. Als ich davon gelesen hatte, fragte ich mich: Wusste Frère Roger, dass der große reformierte Theologe Karl Barth auf seinem Schreibtisch das Bild Johannes des Täufers von Matthias Grünewald vom Isenheimer Altar stehen hatte und er öfters, auch öffentlich, über Johannes meditierte, der auf diesem Gemälde mit einem extra langen Zeigefinger dargestellt ist? Dieses Bild könnte über Taizé hinaus auf eine angemessene Haltung in allen Konfessionen einwirken. Keiner von uns hat die Weisheit gepachtet. Lasst uns lieber miteinander versuchen, in unserer je eigenen Art auf Christus zu verweisen.

FRÈRE ALOIS: Frère Roger sah die Aufgabe der Communauté ganz wesentlich darin, auf Christus zu zeigen, auf ihn zu verweisen. Wenn wir Christus, der Freiheit und Souveränität Gottes mehr Raum geben, kann das sicher auch der Ökumene weiterhelfen. Gott ist immer größer als all unsere Begriffe. Davon geht prinzipiell jede Theologie aus, obwohl nicht immer klare Konsequenzen daraus gezogen werden. Wenn wir damit Ernst machen, bekommen wir mehr Spielraum für Ökumene, dass wir sagen können: Wir brauchen einander, um Christus näherzukommen. Keine Theologie, niemand kann über Gott verfügen. Papst Benedikt XVI. schrieb in einem seiner letzten Texte: »Es ist unangebracht zu behaupten, ich besitze die Wahrheit. Die Wahrheit ist niemals Besitz eines Menschen.« Andererseits stimmt es natürlich auch, dass Christus alles von Gott offenbart hat: »Ich habe euch alles mitgeteilt. Ich habe euch Freunde genannt, weil ich euch alles mitgeteilt habe, was ich von meinem Vater gehört habe.« Aber zu diesem »Alles« gehört auch das Nichtsagbare. Und das müssen wir, glaube ich, heute ernster nehmen. Vor allem die orthodoxe Theologie geht grundsätzlich davon aus, dass es das Nichtsagbare immer geben wird.

SIEGFRIED ECKERT: Ökumene hat auch etwas mit Demut zu tun, dass wir uns einlassen auf einen Verweischarakter von Theologie, auf einen Verweischarakter unseres Konfession-Seins. Das heißt durchaus Abrüstung der theologischen Besserwisserei und Vollmundigkeit?

FRÈRE ALOIS: Eine demütigere Theologie bedeutet nicht, den Wahrheitsanspruch aufzugeben – ganz im Gegenteil! Den Jugendlichen ist klar, dass wir auf Christus verweisen wollen, und zwar gemeinsam, nicht jeder für sich. Johannes der Täufer hat bereits auf Christus verwiesen, noch bevor er ihn kannte. Er wusste, dass nach ihm einer kommen wird, obwohl er ihn nicht kannte.

SIEGFRIED ECKERT: Johannes hat dem Messias die Bahn geebnet, ohne zu wissen, wer es wohl ist, das zeigt seine Frage selbst noch im Gefängnis.

FRÈRE ALOIS: Johannes der Täufer stellt durch seine Jünger Jesus die Frage, ob er wirklich der Messias sei. Trotzdem hat er immer auf Christus verwiesen. Und so sollen wir es als Kirche und als Theologen eigentlich auch tun.

SIEGFRIED ECKERT: Sie sind eine Gemeinschaft von Männern. Die Zukunft der Kirche ist für mich nur ökumenisch vorstellbar, und sie muss in verantwortlichen Positionen weiblicher werden. Wo und wie sehen Sie die Rolle der Frau in den Kirchen?

FRÈRE ALOIS: Frauen haben eine wichtige Rolle in der Kirche, diese ist aber oft zu wenig sichtbar. Zu wenige Frauen sind in Entscheidungen, auch kirchenpolitischer Art, eingebunden. In der katholischen Kirche noch viel weniger als in den evangelischen Kirchen. Da muss sich noch vieles ändern. In Taizé stellt sich die Frage noch anders: Als immer mehr Jugendliche hierher kamen, erkannte Frère Roger bald, dass wir als Männergemeinschaft die Jugendlichen nicht alleine empfangen können, sondern Frauen den Empfang mittragen müssen. In dieser Zeit entstand ein Kontakt zu den »Schwestern von St. André«, die einverstanden waren, hierherzukommen. Es ging nicht darum, dass sie »Schwestern von Taizé« würden, sondern dass sie weiterhin nach ihrer eigenen Spiritualität leben. Doch wir sind aufeinander angewiesen, was den Empfang und die persönliche Begleitung von Jugendlichen betrifft. Die »Schwestern von St. André« sind eine katholische, ignatianisch geprägte Gemeinschaft. In den 1960er Jahren begann also dieses Experiment zweier unterschiedlicher Gemeinschaften. Die Schwestern leben im Nachbardorf, haben zum Teil ein eigenes gemeinsames

Gebet und tragen gleichzeitig vieles hier mit. Momentan sind wir dabei, die Aufgaben noch mehr aufzuteilen, auch, was die Bibeleinführungen betrifft und die persönliche Begleitung der Jugendlichen: Im Sommer stehen einige von uns Brüdern nicht nur am Abend, sondern auch mehrmals in der Woche eine Stunde am Nachmittag in der Kirche zum persönlichen Gespräch zur Verfügung. Da sind jetzt immer auch einige der Schwestern anwesend. Wir müssen neue Formen finden, wie ihr Dienst noch sichtbarer werden kann.

SIEGFRIED ECKERT: Manch einer wird sagen, das sind die typischen Rollen der Frauen in der Kirche: beim Empfang mitmachen und sich um die Gäste kümmern. Wo werden Frauen in ihrer Gleichwertigkeit, also auf Augenhöhe, auch im geistigen Leben in Taizé wahrgenommen?

FRÈRE ALOIS: Gäste zu empfangen und Jugendliche zu begleiten sind keine Nebenaufgaben. Der Empfang hat für uns nicht nur eine mütterliche Seite. Man muss manchmal auch mit psychologisch schwierigen Situationen zurechtkommen. In manchen Bereichen könnten wir den Empfang ohne die Schwestern hier überhaupt nicht mehr bewältigen. Zudem sind sie an der Vorbereitung der Europäischen Treffen beteiligt. Es ist wichtig, diesen Weg gemeinsam weiterzugehen. Die Anwesenheit der Schwestern ist für uns nicht nur praktisch eine Hilfe, sondern unterstützt auch unsere Berufung als monastische Gemeinschaft. Sie sind uns im tiefen biblischen Sinn eine große Hilfe. Wir leben das sehr bewusst: zwei Gemeinschaften, die einander tragen, auf Augenhöhe, auch wenn sie unterschiedlich sind. Die Verantwortliche der Schwestern sagte bei einem Symposium über das gemeinschaftliche Leben einmal: Wir unterstützen uns gegenseitig, manchmal ohne zu wissen, wie die anderen es machen. Es ist eindrucksvoll, wie zwei unterschiedliche Gemeinschaften diesen gemeinsamen Weg gehen. Und daran liegt uns sehr viel. Wir verdanken den Schwestern zudem sehr viel! Sie haben uns zum Beispiel mit den Ignatianischen Exerzitien vertraut gemacht und vieles mehr; das ist nur nicht so sichtbar.

SIEGFRIED ECKERT: Ich würde frei nach Bonhoeffer provokant sagen: Wer für die Einheit der Kirche betet, müsste auch für die Gleichheit von Mann und Frau in kirchlichen Ämtern eintreten. Schon bei Paulus heißt es, dass es in Christus weder Mann noch Frau, Herr noch Sklave, Jude noch Heide gibt. Das ist im ökumenischen Diskurs schon ein Knackpunkt: die Ämterlehre. Wir haben jetzt im Rheinland gerade 40 Jahre Frauenordination gefeiert. Ist auch noch nicht so lange her. Wie versucht Taizé, mit dieser Ämterfrage umzugehen?

FRÈRE ALOIS: Wir sind keine Kirchenleitung. Wir sehen je nach Kirche, aber auch nach Ländern große Unterschiede; dem versuchen wir, Rechnung zu tragen. Das ist nicht immer einfach. Ein Beispiel ist, wie gesagt, dass wir auch Pastoren und Pastorinnen bitten, abends zur Verfügung zu stehen, um den Jugendlichen in der Kirche zuzuhören. Das ist für Jugendliche zum Beispiel aus Polen noch etwas ganz Neues. Aber wir müssen Wege suchen, die deutlich machen, dass Frauen in der Kirche mehr in die Entscheidungen eingebunden werden müssen. Das geschieht auch in der katholischen Kirche. In manchen Priesterseminaren sind Frauen an der persönlichen Begleitung der Seminaristen und an der Entscheidung, wer zur Priesterweihe zugelassen wird, mit beteiligt.

SIEGFRIED ECKERT: Sie erleben es sicher ebenfalls als ökumenischen Zankapfel, nicht zuletzt auf der Familiensynode in Rom: die Frage nach dem angemessenen Umgang mit gleichgeschlechtlichen Partnerschaften. Diese Frage droht einige Kirchen zu zerreißen. Gibt es in dieser Frage, die zu einer Gerechtigkeits- und Bekenntnisfrage geworden ist, in Taizé eine Positionierung?

FRÈRE ALOIS: Es ist von jeher Tradition in den Klöstern, Menschen aufzunehmen und ihnen zuzuhören, ohne Bedingungen zu stellen. Diese Haltung der bedingungslosen Aufnahme ist auch anderswo in der Kirche nötig. Dass die Frage der gleichgeschlechtlichen Partnerschaften jetzt viel offener angesprochen wird, ist sicher eine positive Entwicklung. Jugendliche sprechen sehr offen darüber und stellen uns im persönlichen Gespräch immer die Frage, wie wir dazu stehen. Aber ich sehe auch, dass man auf verschiedene Kontexte Rücksicht nehmen muss. Diese Frage stellt sich nicht überall auf die gleiche Weise. Manchmal müssen wir zugeben, dass wir keine Antwort haben. Unsere Aufgabe besteht nicht darin, Positionen zu vertreten, sondern den Menschen in ihrer persönlichen Situation beizustehen, sodass sie verantwortete Entscheidungen treffen können. Und wir wollen sie dann weiter begleiten. Das ist, glaube ich, in dieser schwierigen Frage unser Beitrag und auch unser Platz. Damit decken wir natürlich nicht alles ab und geben nicht auf alle Fragen eine Antwort. Aber ich glaube, es muss Orte geben, an denen die Menschen wissen: Hier kann ich offen über alles sprechen; hier hört man mir unvoreingenommen zu, ohne dass ich irgendeine Position vorgesetzt bekomme; hier werde ich ernstgenommen, so, wie ich bin, und ich werde begleitet. Es kommt vor, dass junge Afrikaner zu mir kommen und entsetzt sind über etwas, das sie von jemand anderem gehört haben. Ich muss diesen Jugendlichen ernstnehmen und kann ihm nicht etwas vorsetzen, worauf er nicht vorbereitet ist. Ich muss vielmehr überlegen, was der nächste Schritt sein könnte, um mit ihm weiterzugehen. Es kommt auch vor, dass jemand zu mir kommt, der sich die Frage nach einer gleichgeschlechtlichen Partnerschaft stellt. Und wenn es eine verantwortete Gewissensentscheidung ist, so zu leben, dann müssen wir das ernstnehmen. Wir wollen, dass Menschen wissen: Hier kann ich mich jemandem anvertrauen, hier werde ich ernstgenommen; jemand geht meinen Weg mit mir. Die Situationen der Menschen, die wir begleiten, sind sehr unterschiedlich.

SIEGFRIED ECKERT: Wahrscheinlich ist genau das der Punkt: Verständnis aufbringen und Begleitung anbieten zu können für verschiedene Menschen in unterschiedlichsten Lebenslagen. Deswegen wird in den Kirchen mit einer gewissen Erregung und Leidenschaft diskutiert und eine Bekenntnisfrage daraus gemacht. Und die Antworten fallen noch unterschiedlich aus, weil – ich will es so formulieren – sehr verschiedene Ideale hier miteinander kollidieren. Von Taizé ließe sich lernen, dass der andere auch anders sein darf. Hier wird versucht, dass dem, dem Unrecht widerfahren ist, mehr Gerechtigkeit widerfährt. Hier erfahren diejenigen Solidarität, die wegen ihrer homosexuellen Prägung Leid erfahren haben. Sie erleben aber auch kulturelle und theologisch begründete Widerstände von Kirchen gegen diese Lebensform, denen Sie auch irgendwie gerecht werden wollen. Insofern lautet Ihre Position: Für den je einzelnen Menschen wollen wir da sein. Daher vermeiden wir eine Positionierung. Wie lange man das aushält, auf kirchliche Positionen Rücksicht zu nehmen, ohne damit Einzelne zu enttäuschen, bleibt ein Spannungsfeld.

FRÈRE ALOIS: Das ist ein Spannungsfeld, und es ist gut, dass dieses Spannungsfeld in den verschiedenen Kirchen angesprochen wird, auch in der katholischen Kirche auf der letzten Synode zum Thema Familie. Das ist, glaube ich, ein großer Schritt. Wir müssen akzeptieren, dass es verschiedene Haltungen gibt, und gemeinsam weitersuchen.

SIEGFRIED ECKERT: Sie haben den Begriff der Versöhnung eher denn den der Ökumene stark gemacht. Gibt es zu diesem Themenkomplex noch etwas, was Sie sich von der Seele reden wollen?

FRÈRE ALOIS: Ich war oft erstaunt, wie sehr Frère Roger andere Menschen in ihrem Christsein ernst nahm, völlig unabhängig von ihrem konfessionellen Hintergrund. Das hat mich immer fasziniert, und diesen Weg will ich weitergehen. Frère Roger spürte in seinem Gegenüber: Hier ist Christus schon da. Davon müssen wir auf unserer weiteren Suche ausgehen.

IV.

Kampf und Kontemplation

Siegfried Eckert: Wahrscheinlich kennen Sie das geflügelte Wort: Als Jesus ging, kam die Kirche. Für den Protestantismus ließe sich sagen: Als Luther starb, kam die altprotestantische Orthodoxie. Jede Reformation hat es nach ihrem Urknall schwer, auf der Mittel- bis Langstrecke die Dynamik der Veränderung beizubehalten. Gibt es nach dem Tod von Frère Roger in ihrer Communauté Flügelkämpfe zwischen Reformern und Bewahrern?

Frère Alois: In unserer Communauté?

Siegfried Eckert: Ja. Oft brechen in der zweiten Generation zentrale Richtungsfragen auf. Das *ecclesia semper reformanda* ist ja kein Warmbadetag, sondern meist ein schmerzliches Ringen.

Frère Alois: Nein, überhaupt nicht! Vielleicht deshalb, weil wir eine relativ kleine Gemeinschaft sind und es Frère Roger immer darauf ankam, dass wir wie eine Familie zusammenleben. Natürlich gibt es verschiedene Meinungen oder auch Auseinandersetzungen, aber gleichzeitig ein ganz starkes Bewusstsein, dass wir gemeinsam vorangehen müssen. Und dieses Bewusstsein ist stärker als die Meinungsverschiedenheiten, die auch schöpferisch sein können. Wir stellen uns die Frage: Wie viel Energie braucht das gemeinsame Leben, und wie viel davon können wir mit den Jugendlichen auf dem »Pilgerweg des Vertrauens« teilen? Da geht es dann manchmal ganz schön zur Sache. Da zieht es in alle Richtungen. Einige Brüder sind vor Kurzem nach Kuba aufgebrochen, um dort zu leben. Sowohl ein katholischer Bischof als auch ein evangelisches Seminar, in dem Pfarrer mehrerer Kirchen gemeinsam ausgebildet werden, haben uns eingeladen und gesagt: Viele Jugendliche wollen nur weg von Kuba. Kommt hierher als ein konkretes Zeichen, dass man auf Kuba leben kann. Momentan sind zwei Brüder dort, die uns natürlich hier fehlen. Das ist also immer die Frage: Wie viel können wir nach außen tun und trotzdem gleichzeitig das innere Leben unserer Communauté lebendig erhalten, ohne es zu überspannen?

SIEGFRIED ECKERT: Als Jugendlicher habe ich mir öfters die Frage gestellt: Was würde Frère Roger dazu sagen? Bei Martin Niemöller hieß die Frage noch: Was würde Jesus dazu sagen? Das könnte für Sie als Gemeinschaft eine Orientierung sein, wenn man miteinander um die Balance zwischen innen und außen ringt, wo es langgehen könnte und was Vorfahrt beanspruchen sollte. Gibt es das bei Ihnen auch, dass gesagt wird: »Frère Roger hätte gesagt ...«? Findet langsam eine Dogmatisierung Ihres Klostergründers statt?

FRÈRE ALOIS: Nein! Ich achte sehr darauf, das nicht zu tun. Und auch die Brüder achten darauf. Das wäre nicht gut, denn auf diese Weise könnte man alles begründen. Frère Roger war so vielseitig und hat so große Entwicklungen durchgemacht, dass man bei ihm Argumente für verschiedene Meinungen oder Haltungen finden kann. Das heißt nicht, dass wir uns nicht auf ihn beziehen würden, aber sein Vermächtnis ist ein lebendiges Erbe. Er hat uns sehr geprägt und uns einen wirklich brüderlichen Umgang miteinander hinterlassen. Darauf geben wir acht, dass das weiter prägend unter uns bleibt.

SIEGFRIED ECKERT: Dann erübrigt sich meine nächste Frage eigentlich. Ich formuliere sie trotzdem. Frère Roger hat immer von Taizé als einem Provisorium gesprochen. Die Beschäftigung mit Identitätsfragen war nicht so seine Sache. Wir sprachen schon darüber, wie leicht Identitätsfragen etwas Trennendes bekommen können. Dennoch hat sich Taizé sehr erkennbar als maßgeblicher Faktor in der kirchlichen

Welt etabliert. Taizé ist angekommen in der Welt, in der Gesellschaft, bei den unterschiedlichsten Kirchenführern und Konfessionen. Besteht da nicht die Gefahr, dass die Communauté zur Hüterin ihrer eigenen Asche wird?

FRÈRE ALOIS: Sicher müssen wir achtgeben, dass wir nicht einfach nur Erreichtes bewahren. Wir müssen immer wieder offen sein für neue Situationen und neue Fragen. Momentan geht es zum Beispiel darum, wie wir uns der arabischen Welt noch weiter öffnen können. Das ist eine ganz große Herausforderung. Wir haben aus dem Sudan Flüchtlinge bei uns aufgenommen, ohne dass einer von uns Arabisch spricht. Ich fahre an Weihnachten in den Libanon und nach Syrien, um ein Zeichen zu setzen, dass wir den Menschen dort nahe sein wollen. Prozentual zur Bevölkerung gesehen, hat der Libanon am meisten Flüchtlinge aufgenommen. Wir spüren hier eine neue Herausforderung, auf die wir mit unseren kleinen Kräften eingehen wollen.

SIEGFRIED ECKERT: Es gibt einfach Situationen, die verlangen geradezu eine reformatorische Veränderungsbereitschaft. Martin Luthers reformatorisches Kirchenverständnis fußte auf drei Säulen. Das war zuerst der Gottesdienst, dann kamen die Bildung und die Armenfürsorge dazu. Letzteres hätten viele Luther nicht zugetraut. Doch wer seine 95 Thesen liest, kann sie als ein Protestschreiben gegen die Geschäftemacherei der Kirche mit der Angst der kleinen Leute verstehen – wurde mit diesem Geld doch auch der Bau des Petersdoms im Rom finanziert. Wie viel sozialkritische Wut, wie viel Kampfbereitschaft angesichts einer Schere, die zwischen Arm und Reich immer weiter auseinandergeht, steckt noch in Taizé?

FRÈRE ALOIS: Der Kampf für gesellschaftliche Gerechtigkeit ist seit den 1970er Jahren, als Frère Roger von »Kampf und Kontemplation« sprach, nicht weniger wichtig geworden. Aber die Situation hat sich verändert. In der 68er Generation wurden absolute Forderungen gestellt. Ich erinnere mich noch an einen Lehrer, der sagte: »Ich will kein guter Lehrer in einem schlechten Schulsystem sein.« Das würde man heute nicht mehr so sagen; die Bereitschaft ist größer geworden, sich auf gegebene Situationen einzulassen. Unser Kampf findet nicht so sehr in der Veränderung von Strukturen statt; wir wollen den Ärmsten der Armen nahe sein und mit ihrer Lebenssituation in Berührung kommen. Das ist der Weg, den Frère Roger schon gegangen ist. Er hat selbst in verschiedenen Elendsvierteln auf anderen Kontinenten gelebt. Das öffnet uns für das Evangelium, das verändert uns und gibt uns auch den Mut, gesellschaftliche Fragen anzugehen und notwendige Veränderungen einzufordern.

SIEGFRIED ECKERT: Es gibt in der aktuellen gesellschaftspolitischen Debatte einen Diskurs, ob mehr auf eine friedliche Transformation der Systeme zu setzen ist oder wir eher in revolutionären Zeiten leben, weil die Spannungen schon so groß sind, dass eher schwere Brüche und Verwerfungen drohen. Haben Sie da einen Eindruck, wo es langgehen könnte?

FRÈRE ALOIS: Wir hoffen natürlich, dass es nicht zu gewaltsamen Brüchen kommt. Aber gleichzeitig sieht man zurzeit, wie schwer wir uns zum Beispiel mit der Flüchtlingsfrage tun, wie schwer es ist, die Hintergründe zu verstehen und verantwortlich zu handeln. Europa hat eine Verantwortung für diese Situation. Es geht nicht nur darum, barmherzig zu sein. Wir haben auch eine politische Verantwortung. Wenn aus Afrika und dem Nahen Osten Flüchtlinge zu uns kommen, dann müssen wir darauf eingehen. Wie schwer wir uns damit tun, das stellt schon viel infrage. Wird Europa diese Situation als Chance wahrnehmen, neuen Elan zu finden? Für die Jugendlichen ist Europa schon längst eine Realität. Sie leben in verschiedenen Ländern und sind gleichzeitig Bürger Europas – da gibt es kein Zurück mehr. Die Frage ist vielmehr: Wie können wir das in den Institutionen festigen, damit es nicht zu Brüchen kommt?

SIEGFRIED ECKERT: Viele sehen in Papst Franziskus einen Hoffnungsträger. Als Jesuit weiß er, was es heißt, an die Grenzen der Gesellschaft zu den Ärmsten zu gehen. Schleppt angesichts des von Jesus her begründeten Anspruches die Kirche nicht viel zu viel Reichtum mit sich herum?

FRÈRE ALOIS: Sicher müssen wir lernen, eine ärmere Kirche zu werden. Hier in Frankreich ist die Kirche relativ arm, dennoch findet sie Gehör. Neue Initiativen der Kirche sind auch mit weniger Mitteln möglich. Dies wird hier in Frankreich deutlich. Ich glaube, wir brauchen da mehr Mut. Andererseits sehe ich jedoch auch, wie arm die Kirche insbesondere auf den anderen Kontinenten ist, wo sie manchmal nicht über genügend Mittel verfügt, um ihrer Mission nachzukommen. Die Situation ist sehr vielschichtig. Auch Papst Franziskus will, dass die katholische Kirche mit weniger Mitteln auskommt.

SIEGFRIED ECKERT: Haben Sie etwas von dem Skandal um den Limburger Bischof Tebartz-van Elst mitbekommen? Das Finanzgebaren beider großer Kirchen in Deutschland steckt in einer Glaubwürdigkeitskrise. Die EKD gibt hunderte Millionen für die Umstellung auf eine kaufmännische Finanzverwaltung aus. Lässt das Taizé kalt? Schwappt von solchem Gebaren etwas nach Frankreich herüber?

FRÈRE ALOIS: Natürlich haben wir davon gehört, aber wir sehen uns nicht in der Rolle derer, die andere belehren. Vielmehr wollen wir unseren Weg der Einfachheit noch konsequenter weitergehen, den wir gewählt haben und der nicht leicht ist. Denn es braucht auch Mittel, um die vielen Jugendlichen hier zu empfangen und die Europäischen Treffen vorzubereiten. Da geht es uns wie den anderen: Wir möchten immer alles noch besser organisieren; doch darin liegt auch eine Versuchung: sich zu sehr etablieren zu wollen und zu sehr auf das Materielle zu bauen, anstatt, wie Jesus sagt, mit leeren Händen zu den Menschen zu gehen. Darin besteht für uns alle eine Versuchung.

SIEGFRIED ECKERT: Frère Roger war beseelt von der Überzeugung, dass das Evangelium in der Lage ist, die Welt zu verändern. Jesus beschrieb das mit dem Satz: »Ihr seid das Salz der Erde.« Er hat aber auch gewarnt, dass das Salz nicht geschmacklos werden darf. Wo sehen Sie die Wirkung des Salzes in der Kirche gefährdet? Wo laufen wir Gefahr, fade zu werden?

FRÈRE ALOIS: Wir müssen mehr achtgeben auf die persönliche Vernetzung in den Kirchengemeinden. Es kommt auf die persönlichen Beziehungen an, darauf, füreinander Verantwortung zu übernehmen vor Ort. Wenn wir nur Aktionen organisieren, die – so gut sie auch sein mögen – nicht im Alltag verwurzelt sind, fehlt etwas Wesentliches. Die Menschen müssen wissen: Wir sind füreinander verantwortlich. Dazu ist es notwendig, dass wir aufeinander zugehen, einander kennenlernen und es wagen, unsere persönlichen Lebenssituationen miteinander zu teilen. Mir scheint, dass dies ein Weg der Erneuerung ist, der in der Kirche unerlässlich ist. Das löst nicht alle Fragen, aber es ist ein wichtiger Punkt. Wir sehen das zum Beispiel, wenn wir die Europäischen Treffen vorbereiten: Als ersten Schritt nehmen wir mit allen Kirchengemeinden Kontakt auf, eine kleine Vorbereitungsgruppe verschiedener Personen wird gebildet, die sich zunächst einmal untereinander kennenlernen und damit beginnen, Gastfamilien zu suchen. Diese kommen auf diese Weise untereinander in Kontakt und können sich gegenseitig über die eine oder andere Schwierigkeit hinweghelfen. So finden sich nach und nach immer mehr Menschen, die bereit sind, völlig fremde Jugendliche bei sich aufzunehmen. Nach dem Treffen werden dann die

Erfahrungen ausgetauscht. In so einem lebendigen Austausch wächst die Kirche.

SIEGFRIED ECKERT: Es heißt auch: Arbeit verbindet. Wenn wir zusammen etwas tun, ist das verbindender, als nur in der gleichen Veranstaltung das Gleiche zu hören, meist in einer Einbahnstraßenkommunikation. »Salz sein« heißt für Sie, Geschmack auf Beziehungen, Lust auf Begegnungen zu machen. Dietrich Bonhoeffer hat einmal formuliert, dass wir »Kirche für andere« sein sollen. Kannte Frère Roger von Bonhoeffer diese Gedanken?

FRÈRE ALOIS: Das könnte sogar ein Gedanke von Frère Roger sein. Für ihn war klar, dass Kirche nicht für sich selbst da ist, um sich selbst zu erhalten. Sie soll wirklich zu den anderen gehen, und diesen Anstoß wollen wir ganz besonders weitergeben. Das habe ich bereits als Jugendlicher verstanden, als ich das erste Mal hierherkam. Wir haben zu Hause in Stuttgart damit begonnen, die italienische Gemeinde zu besuchen. Es gab damals in unserem Stadtviertel viele Italiener, die sich immer nur unter sich getroffen haben. Wir gingen also am Samstag früh zu den italienischen Familien, dort gab es dann einen Grappa, und während im Hintergrund der Fernseher lief, haben sie uns von Sizilien erzählt. So haben wir versucht, »auf andere zuzugehen«. Es gab in unserer Nähe auch philippinische Krankenschwestern, die uns vorher nie aufgefallen waren. Man sah sie im Gottesdienst, aber wir hatten keinen persönlichen Kontakt. Damals habe ich gespürt, dass sich Kirche vor Ort noch mehr den anderen öffnen muss.

SIEGFRIED ECKERT: Das passt auch zu dem, was Sie über Beziehungen gesagt haben. Es gab in den 80er Jahren in der evangelischen Kirche eine Diskussion, dass wir von den »Komm-« zu den »Geh-Strukturen« finden müssten. Wir können nicht immer warten, dass die Leute zu uns in die Kirche, zu unseren und in unsere verwohnzimmerten

Gemeindezentren kommen. Wir müssen hinausgehen zu den Menschen, an die Hecken und Zäune. Da steckt etwas von der Kirche für andere drin. Auch Humor kann solch ein Brückenschlag nach draußen sein. In meiner Gemeindearbeit erlebe ich das. Wie hält es Taizé nach Charlie Hebdo mit dem Humor?

FRÈRE ALOIS: Diesbezüglich sind wir eher zurückhaltend. Humor kann schnell zur Grimasse werden, die den anderen verletzt. Natürlich darf es durchaus Humor geben, unter uns wird auch viel gelacht. Aber es stimmt, dass wir zurückhaltend sind, wenn es um Karikaturen geht. Humor ist nicht alles. Freude hat viel mit Gemeinsamkeit zu tun, Freude an der Kunst, Freude an der Musik, am Teilen gemeinsamer Interessen. Mir macht weniger Kopfzerbrechen, wie humorvoll Taizé oder die Christenmenschen sind, viel mehr Sorge bereitet mir der wachsende Fundamentalismus in allen Religionen.

SIEGFRIED ECKERT: Wie versuchen Sie, dem entgegenzuwirken? Oder – ich will es einmal zuspitzen: Gibt es eine Fundamentalismusprävention für das Christentum? Wie können wir darauf achten, nicht in diese Falle zu tappen, die es im Christentum wie im Islam gibt?

FRÈRE ALOIS: Ich glaube, es ist wichtig, den bestehenden Ängsten entgegenzuwirken, die zum Fundamentalismus führen: die Angst vor dem anderen, die Angst vor der eigenen Unsicherheit. Das Evangelium will keine Schutzmauer um uns herum aufbauen, die uns bewahrt. Es will uns von innen heraus ein neues Leben schenken, um mit den Ängsten und schwierigen Situationen, die überall entstehen, umgehen zu können. Im Namen von Religionen geschieht viel Gewalt. Das sind schreckliche Dinge, die jetzt aufbrechen und unweit von uns geschehen. Man könnte meinen, Syrien wäre weit weg, aber wir sind Nachbarn. Diesen Ängsten mit der befreienden Botschaft des Evangeliums entgegenzuwirken, ist unsere Aufgabe. Wir gehören zu Christus, wir finden in ihm Geborgenheit und Sicherheit; wir können und sollen uns der Welt aussetzen, so wie Christus es getan hat, und zwar ohne Fundamentalismus.

SIEGFRIED ECKERT: Werden Sie hier mit dem Bedürfnis nach mehr Biblizismus und Fundamentalismus konfrontiert?

FRÈRE ALOIS: Schon. Es gibt eine unglaubliche Vielfalt unter den Jugendlichen, die nach Taizé kommen. Und es kommt vor, dass Jugendliche mit solchen Haltungen darunter sind. Es ist erstaunlich, dass sie hier eine Woche mit anderen zusammenleben und bereit sind, auf andere zu hören. Aber das muss auf Gegenseitigkeit beruhen. Wir dürfen Menschen, die zu Fundamentalismus neigen, nicht nur mit Schlagworten antworten. Schlagworte allein werden nicht weiterhelfen. Wir müssen ihre Denkweise zu verstehen versuchen, um auch mit ihnen einen Weg zu gehen. Ein katholischer Bischof aus Frankreich sagte mir einmal, bezogen auf die Flüchtlingsfrage, in seiner Diözese gebe es sowohl Menschen, die in der gegenwärtigen Situation sehr offen sind, als auch solche, die Angst haben und sich verschließen. Er sagte, es brauche eine Pädagogik, um mit denen, die sich ängstlich zurückziehen, einen Weg zu gehen. Wir müssen darauf achtgeben und überlegen, wie wir auf diese Menschen eingehen können, denn ihre Ängste sind verständlich. Wir müssen uns alle fragen, wie wir mit unseren Ängsten umgehen.

SIEGFRIED ECKERT: Und für eine solche Pädagogik des Verstehens, des Sich-Öffnens für solche Ängste, ist Taizé eine wunderbare Schule.

FRÈRE ALOIS: Das geschieht unter den Jugendlichen. In den letzten Jahren waren jeden Sommer junge Ukrainer und Russen hier in Taizé. Sie verbringen eine Woche zusammen und fangen an, einander zuzuhören. Das ist nicht immer leicht, aber jeder merkt, dass der andere ebenfalls leidet. So sind sich in den 1990er Jahren auch Serben und Kroaten hier begegnet. Zu solchen Begegnungen über Grenzen hinweg kommt es in Taizé häufig.

SIEGFRIED ECKERT: Ich sage gerne, von Taizé zu lernen heißt, zu lernen, wie man Jugendliche anspricht. Was ist es, das junge Menschen über Jahrzehnte hinweg ungebrochen so anzieht? Die traditionellen Kirchen tun sich unglaublich schwer damit, Jugendliche zu erreichen. Sie leiden an Traditionsabbrüchen und Relevanzverlust. Manch einer in der Kirche ist da mehr mit seinem Selbstmitleid beschäftigt als mit Jugendlichen. Warum pilgern diese weiter in Scharen zu Ihnen?

FRÈRE ALOIS: Wir staunen selbst immer wieder, dass die Jugendtreffen seit Jahrzehnten so weitergehen und immer neue Generationen kommen. Das Zuhören trägt sicher dazu bei. Die Jugendlichen spüren: Ich kann hier so sein, wie ich bin; ich werde aufgenommen, und wenn ich es brauche, hört mir jemand zu. Aber auch das Gebet und das Singen spielen eine Rolle, die Zeiten der Stille und eine gewisse Freiheit im Gebet, sich so weit darauf einzulassen, wie man kann. Und das Zusammenleben! Für Jugendliche werden Freundschaften immer wichtiger, die nicht nur über das Internet gelebt werden. Diese Freundschaften entstehen auch über Grenzen und Kontinente hinweg. Die Jugendlichen sind dafür sehr sensibel. Ihre Offenheit anderen gegenüber macht sie auch für das Evangelium hellhörig. Sie stellen sich die Frage: Woher kommt das, was wir hier tun? Dann ist es nur noch ein kleiner Schritt, um zu erkennen, dass die Auferstehung Christi nicht nur ein Schlagwort oder ein philosophischer Begriff ist, sondern eine Wirklichkeit: Christus führt uns heute zusammen. Zu sehen, dass Jugendliche das in ihrer eigenen Sprache ausdrücken, auch wenn die überhaupt nicht kirchlich ist, ist für uns eine der größten Freuden, die es gibt. Wenn Jugendliche etwas vom

Evangelium verstehen, das sie nicht nur übernehmen, sondern das aus ihnen selbst kommt, dann ist viel gewonnen. Anschließend ist wichtig, dass wir den Jugendlichen sagen: Vergesst Taizé! Lebt in eurer Situation, in eurer Kirche, in eurem Land, in eurer Stadt und sucht, wie ihr dort Gemeinschaft leben könnt, ohne euch ständig auf Taizé zu beziehen! In dieser Hinsicht war Frère Roger radikal.

SIEGFRIED ECKERT: Der Kabarettist und Arzt Dr. Eckart von Hirschhausen sagt: Was nützen mir tausend Freunde auf Facebook, wenn ich keinen habe, der mich im Notfall ins Krankenhaus bringt. Das ist schon eine verrückte Entwicklung. In Taizé lässt sich emotional erleben; ich habe vielleicht Freunde virtuell auf Facebook. Doch hier habe ich das Gefühl, in einer realen Gemeinschaft von Freunden zu sein. Das mag eines der großen Geheimnisse sein, warum Jugendliche weiterhin hierher pilgern. Und das ist auch nach dem Ableben von Frère Roger nicht verloren gegangen, Gott sei Dank!

FRÈRE ALOIS: Wir sind sehr dankbar dafür, dass die Jugendtreffen mit der gleichen Intensität weitergehen. Das ist etwas, das nicht bewusst geplant war. Weil wir für die Jugendtreffen hier keine Spenden annehmen, muss alles ganz einfach bleiben, obwohl manches mittlerweile besser geworden ist. Diese Einfachheit ermöglicht Freundschaften. Wir werden darin auch geführt und können nur staunen, wie das in Taizé alles gewachsen ist. Heute kommen das ganze Jahr hindurch Jugendliche hierher, nicht mehr nur an Ostern und im Sommer.

SIEGFRIED ECKERT: Sie sagten, die arabische Welt ist ein Thema, das bei Ihnen oben aufliegt. Gibt es noch andere gesellschaftspolitische Themen, die Sie umtreiben? An welchen Fronten kämpfen Sie den guten Kampf des Glaubens noch?

FRÈRE ALOIS: Vor allem für den Glauben selbst. Denn das ist für uns die große Frage: der Glaubensschwund. Es gibt zwar eine starke spirituelle Suche, aber es gelingt uns in unseren verfassten Kirchen so wenig, auf diese spirituelle Suche der Menschen einzugehen. Wenn Menschen heute zu wenig geistige Nahrung bekommen, ist die Hauptfrage: Woraus leben sie? Man wird gelebt. Und das Geld wird letztlich zum einzigen Wert. Das betrifft dann nicht nur die großen Konzerne, sondern auch das eigene, private Leben.

Eine weitere Herausforderung ist Europa. Wir spüren hier diese Ambivalenz: Einerseits zieht man sich immer mehr auf die eigenen Grenzen zurück, andererseits leben die Jugendlichen, wie gesagt, längst als Europäer: Sie studieren, wo sie wollen, reisen, kommen zu den Europäischen Treffen. Bezeichnenderweise haben sich aus der Ukraine über 2.000 Jugendliche zum Treffen in Valencia angemeldet. Sie wollen zeigen: Wir sind Europäer. Es ist also ein Wille da, Europa mit aufzubauen; und das wollen wir deutlich machen.

Eine andere Aufgabe, die wir für uns sehen, ist es, bessere Beziehungen zu Afrika und den anderen Kontinenten zu schaffen. Besonders in Bezug auf Afrika haben wir einiges nachzuholen. Die Beziehungen sind nicht gerecht. Der Kontinent wird nach wie vor schamlos ausgebeutet – zum Beispiel der Kongo, eines der rohstoffreichsten Länder der Erde. Das darf so nicht weitergehen! Die Afrikaner wissen das. Sie wollen, dass wir Europäer anders auf sie zugehen, sie als Partner anerkennen. Doch auch in dieser Beziehung hat sich manches geändert: In den 1980er Jahren sprach man hauptsächlich von Entwicklungshilfe, jetzt wird mehr die Partnerschaft gesucht. Dies gilt auch für uns als Communauté. Es ist uns bewusst, dass wir den afrikanischen Brüdern mehr zuhören müssen.

Siegfried Eckert: Wie viele Brüder kommen aus Afrika?

Frère Alois: Drei.

Siegfried Eckert: Das ist bei 95 Brüdern überschaubar.

FRÈRE ALOIS: Das ist wenig, aber es kommen jedes Jahr – jeweils für drei Monate – Jugendliche aus Afrika hierher, ebenso wie von den anderen Kontinenten. Außerdem bereiten wir gerade ein Jugendtreffen in Cotonou, im Benin in Westafrika, vor, zu dem auch Jugendliche aus den umliegenden Ländern und aus Nigeria kommen. Ein ähnliches Treffen fand vor vier Jahren in Kigali, Ruanda, statt. Das kommt zwar in gewisser Weise von außen, aber ohne die Teilnehmer zu belehren und ohne ihnen materielle Hilfe zu bringen. Wir ermöglichen lediglich, dass Menschen aus verschiedenen Ländern und ethnischen Gruppen zusammenkommen. Das ist in Afrika sehr wichtig, und dafür sind die Menschen dankbar.

In Afrika sind die Gebete oft sehr charismatisch, voller Freude und Energie. Gleichzeitig stellen die Menschen fest: Wir brauchen mehr Stille, um zur Ruhe zu kommen. Aufmerksamer mit Afrika umzugehen, ist auch eine große politische Herausforderung. Mit den Treffen wollen wir dazu unseren Beitrag leisten.

SIEGFRIED ECKERT: In Taizé haben Sie sehr früh damit begonnen, den Ärmsten der Armen in Form von kleinen Fraternitäten nahe zu sein. Frère Roger ging es mehr um Taten als um Worte. Wie viel dieser senfkornartigen Gemeinschaften gibt es noch?

FRÈRE ALOIS: Einige von uns Brüdern leben schon seit 40 Jahren in Brasilien, Korea und Bangladesch, außerdem in Kenia, Senegal und seit Kurzem auch in Kuba. Zwei Brüder sind momentan für vier Monate im Libanon. Wir müssen immer wieder sehen, wie sich die Situation in den einzelnen Ländern entwickelt. Manche dieser Fraternitäten sind noch relativ neu, an anderen Orten leben Brüder schon lange diese Zeichen der Solidarität. Wir denken dabei nicht immer nur an die Armut, die in einem Land wie Bangladesch riesig ist, es geht uns auch darum, die Lebensfreude der

Menschen zu teilen. Bangladesch ist zum Beispiel ein Land, das sich mittlerweile schnell entwickelt, aber das gleichzeitig große Schwierigkeiten hat. Obwohl der Islam dort sehr tolerant ist, kommen fundamentalistische Strömungen auf, die auch vor Gewalt nicht zurückschrecken. Wer weiß, wie es dort weitergeht? Korea ist immer noch geteilt und der »Kalte Krieg« noch nicht zu Ende. In dieser Region gibt es weltweit die größte Waffenkonzentration. Deshalb haben wir schon vor langer Zeit mit Nordkorea Kontakt gesucht. Frère Roger hatte in den 1990er Jahren, als eine große Hungersnot im Land herrschte, Nahrungsmittel dorthin geschickt. Ich weiß nicht mehr genau, wie viele Tonnen Getreide, aber es war damals eine Riesenaktion! Seither haben wir Kontakt zum nordkoreanischen Roten Kreuz und unterstützen dessen Krankenhäuser in der Hauptstadt Pjöngjang. Ich war selbst vor ein paar Jahren dort und konnte auch in die Kirchen gehen. Es gibt in Pjöngjang zwei evangelische Kirchen. In einer singt ein großer, schöner Chor. Wir waren unter der Woche dort und wir konnten mit dem Pastor sprechen. Es gibt auch eine katholische Kirche im Land, aber keinen Priester. Trotzdem kommen am Sonntag einige Leute zusammen, ein Minimum an kirchlichem Leben ist also vorhanden. Ich bin sehr dankbar, dass wir in den Kirchen ganz einfach zu zweit in Stille beten konnten. Für unseren Bruder Han-Yol, der selbst aus Südkorea stammt, war das ein großes persönliches Anliegen, auf diese Weise die Wiedervereinigung des Landes mit zu unterstützen.

SIEGFRIED ECKERT: Taizé ist im Grunde eine kleine UN für kirchliche Angelegenheiten. Sie sind weltweit gut vernetzt, und hier laufen viele Fäden zusammen. Haben Ihre Fraternitäten auch mit den Problemen des Klimawandels zu tun?

FRÈRE ALOIS: O ja, in Bangladesch. Die Brüder kennen viele einfache Leute, die ihre Häuser schon verlassen mussten, weil es zu viele Überschwemmungen gibt. Dort sind die

Menschen diese zwar seit jeher gewohnt, aber sie werden immer stärker.

SIEGFRIED ECKERT: Sie haben überlegt, junge Brüder eine Zeitlang in Ihre Fraternitäten zu schicken, bevor diese ihr lebenslanges Engagement zusagen?

FRÈRE ALOIS: Für mich ist das eine Art »Praktikum für mehr Mitgefühl und Solidarität«, um mit ganz anderen Lebenssituationen in Berührung zu kommen, mit Armut und anderen Kulturen. Dies ist in den letzten Jahren wichtiger geworden. Früher stand die Armut im Mittelpunkt, jetzt geht es auch darum, andere Kulturen zu entdecken und in ihnen zu leben. Dies ist ein wichtiger Teil der Vorbereitung auf eine Lebensentscheidung hier in Taizé. Die Brüder, die in den letzten Jahren eine solche Zeit auf einem anderen Kontinent verbringen konnten, waren für diese Erfahrung jeweils sehr dankbar. Ein junger Bruder ist momentan im Senegal, ein anderer in Bangladesch. Einer war im Nordosten Brasiliens und hat dort eine völlig andere Welt entdeckt. Viele Menschen in dieser Gegend sind Nachkommen von Sklaven. Alagohinas ist eine Stadt, wo aufgrund hoher Arbeitslosigkeit immer mehr Gewalt herrscht. Kinder werden im Drogenhandel eingesetzt und Dreizehnjährige kommen bereits dazu, jemanden zu töten. Das ist eine schwierige Situation. Brasilien hat sich rasant entwickelt, aber dabei bleiben viele Menschen auf der Strecke. Diesen wollen wir nahe sein. Die Brüder haben dort in Alagohinas eine Schule für Gehörlose und Blinde gegründet. Für gewöhnlich starten wir keine so großen Projekte, aber es gab für diese Kinder einfach nichts. Am Nachmittag bieten die Brüder ein offenes Freizeitprogramm an. Dort können die Kinder, die zum Großteil aus sehr schwierigen Verhältnissen kommen, ganz einfach spielen. Die Brüder fangen einiges auf, indem sie versuchen, den Kindern etwas zu geben, was ihnen in ihrer Umgebung sonst fehlt. In den Fraternitäten geschieht viel über die Kinder.

SIEGFRIED ECKERT: Ist eine solche Zeit in einer Fraternität mittlerweile für jeden Bruder zur Bedingung geworden?

FRÈRE ALOIS: Wir besprechen das mit jedem Einzelnen; einige Brüder kommen bereits von anderen Kontinenten. Wir haben für all das keine festen Regeln und müssen in jeder Situation sehen, was weiterführt.

SIEGFRIED ECKERT: Im Blick auf andere Kulturen und Religionen möchte ich einen vielleicht blinden Flecken von Taizé ansprechen. Ich wage dies in der Rolle als evangelischer Vorsitzender der Christlich-Jüdischen Gesellschaft in Bonn. Mein Eindruck ist, dass alttestamentliche Lesungen in den Gebeten und Bibelarbeiten eine eher untergeordnete Rolle spielen. Und auch bei den ehrenwerten Bibelaktionen für Südamerika und Russland wurden millionenfach Neue Testamente verteilt, nicht das Gesamtwerk der Bibel. Wie hält es Taizé mit dem Judentum?

FRÈRE ALOIS: Natürlich können wir Jesus nicht ohne das Judentum verstehen. Wir haben jüdische Freunde, und in der interreligiösen Arbeitsgruppe, von der ich vorhin sprach, arbeiten auch Juden mit. Diese Beziehungen sind uns sehr wichtig. Uns ist bewusst, dass man das Neue Testament ohne das Alte nicht verstehen kann; das schieben wir nicht beiseite. Ein Bruder, der jetzt sehr krank ist und hier im Haus im Sterben liegt, sagte mir neulich: »Ich halte mich an die Psalmen.« Ich lese ihm jetzt jeden Tag einen Psalm vor. Er kann nicht mehr sprechen, aber er versteht alles ganz klar. Die Psalmen spielen für uns eine große Rolle, und den ganzen Sommer hindurch lesen wir jeden Tag im Morgengebet aus dem Propheten Jesaja. Vor allem Deuterojesaja ist wie eine Tür zum Neuen Testament, vielleicht einer der stärksten Ausblicke auf das Neue Testament, und gleichzeitig ganz im Alten Testament verankert. In unseren Bibeleinführungen ist der Gedanke des Exodus ein zentraler Punkt: Gott befreit uns. Er hat uns herausgeführt. Schwierige Situationen interpretieren wir oft vom Exodus, von der Geschichte des Volkes Israel her. Im Exil hat die Erinnerung an den Exodus dem Volk Israel geholfen, Gottes Nähe wieder neu zu entdecken. Und nach dem Lukasevangelium sprach Jesus auf dem Berg der Verklärung von dem, was ihn in Jerusalem erwartete, als von seinem Exodus. Sein Leben, Sterben und Auferstehen sind ein Weg in die Freiheit. Das sind Gedanken, die sich bei uns durchziehen und die wir in den Bibeleinführungen herausstellen. Es stimmt aber, dass die starke Christusbezogenheit vielleicht zu sehr den Eindruck erweckt, dass das Alte Testament nicht so bedeutsam wäre.

SIEGFRIED ECKERT: In meinem Theologiestudium quälte mich einmal die Frage nach der Bedeutung des Kreuzes sehr. *Cur deus homo*? Warum musste Christus Mensch werden und am Kreuz sterben? Ich habe dazu in Tübingen etwas Judaistik studiert. Über mehr Einblicke ins Judentum gewann ich einen freieren Blick aufs Christentum. Ich entdeckte auch eine Christologie, die nicht auf Kosten des Judentums gehen musste. Ich vermochte in Christus eher den »leidenden Gerechten« zu sehen, eine übliche Deutung im Judentum. So habe ich über das Judentum wieder festeren Boden unter den Füßen auf meinem Weg ins Pfarramt gefunden. Auch deshalb bin ich etwas sensibilisiert, wie mit dieser Thematik umgegangen wird. Das Alte Testament ist nicht nur auf Christus bezogen zu lesen. Es will eigenständig verstanden werden, als ein Glaubenszeugnis des Judentums. Meine »Freiheit eines Christenmenschen« habe ich für mich übrigens dank des Judentums mit entdeckt.

FRÈRE ALOIS: Das kann ich verstehen. Wir kennen zwei Rabbiner, die öfter hierher kommen. Wir nutzen jedes Mal die Gelegenheit zu einem Thementreffen mit den Jugendlichen – es ist sehr schön, wenn ein Rabbiner und ein Bruder der Communauté über Abraham sprechen!

SIEGFRIED ECKERT: Ich will die theologische Frage noch ins Politische wenden. Haben Sie in diesem Dilemma des Nahostkonflikts Kontakte zur israelischen wie palästinensischen Seite?

FRÈRE ALOIS: Wir haben einige Kontakte. Einer der beiden Rabbiner wollte vor einigen Jahren mit jungen Juden und Palästinensern gemeinsam hierher kommen. Allerdings bekamen die Palästinenser Schwierigkeiten mit den Visa, woraufhin er nur mit den jüdischen Jugendlichen anreiste. Das war auch sehr interessant, aber es wäre natürlich wunderbar gewesen, wenn daraus ein gemeinsamer Pilgerweg geworden wäre. Unsere Brüder, die gerade im Libanon sind, werden anschließend in die Palästinensergebiete und nach Israel gehen, um Kontakte aufrechtzuerhalten. Aber das sind nur einzelne Begegnungen, und unsere Besuche sind kleine Zeichen, dass wir den Menschen nahe sein und die Situation auf beiden Seiten verstehen wollen, was nicht einfach ist.

SIEGFRIED ECKERT: Haben Sie in Taizé eine Position zur Anerkennung Palästinas als Staat?

FRÈRE ALOIS: Ich weiß nicht, ob wir Brüder diesbezüglich alle eine Meinung haben. Das ist auch nicht unsere Aufgabe. Unsere Aufgabe ist es, den Menschen nahe zu sein.

SIEGFRIED ECKERT: Gibt es auf der Welt noch andere Konfliktlagen, wo Sie am Puls der Zeit involviert sind?

FRÈRE ALOIS: In Kuba beispielsweise, da spielt sich vieles ab. Wie wird es dort weitergehen? Die Kubaner sprechen von tiefen menschlichen Wunden, die auch das gesellschaftliche Zusammenleben krankmachen. Wird es dafür eine Heilung geben? Viele Jugendlichen wollen einfach nur weg von dort. Andere warten ab, was passiert.

SIEGFRIED ECKERT: Ob bald Coca-Cola und McDonald's ein-
marschieren?

FRÈRE ALOIS: Auch das, aber für uns ist die Frage: Wie können
wir den Weg mit den Menschen gehen? Oder in Brasilien:
Wie geht es für die Ärmsten dort weiter, die auf der Strecke
bleiben? Mit Haiti fühlen wir uns ebenfalls sehr verbunden,
seitdem Frère Roger dort war. Ich war nach dem Erdbeben
2010 noch zweimal vor Ort, und wir laden regelmäßig Jugendliche nach Taizé ein. Aber wir können natürlich nicht
überall präsent sein.

SIEGFRIED ECKERT: Das ist eine enorme Agenda, die Sie da
vorzuweisen haben. Dazu braucht es auch die nötige Spann-
kraft, um diese Beziehungen alle aufrecht zu erhalten.

FRÈRE ALOIS: Zudem sind einige Brüder in Asien unterwegs;
ein Bruder fährt seit über 25 Jahren regelmäßig dorthin. Das
ist wie eine mobile Fraternität, die von Ort zu Ort pilgert. So
sind viele Kontakte entstanden. Auch in Ländern wie Myan-
mar, wo ebenfalls große Veränderungen stattfinden und die
Christen nur eine kleine Minderheit sind, oder in Vietnam
und Kambodscha. Ich war mit einem Bruder in Kambodscha,
was sehr beeindruckend war. Dort ist kein einziges Kirchen-
gebäude, von keiner Konfession, stehen geblieben. Alles war
von den Roten Khmer beseitigt worden. Die Kirche fängt
dort ganz neu an, und es gibt eindrucksvolle Bemühungen,
sie nicht nach europäischen Vorbildern, sondern in der Kul-
tur des Landes verwurzelt aufzubauen. Das ist mit Auseinandersetzungen verbunden. Aber es ist sehr spannend, eine
Kirche begleiten zu können, die versucht, eine kambodscha-
nische Kirche zu sein. Ich war im Februar dieses Jahres mit
demselben Bruder in Australien und Neuseeland. Ich musste feststellen, wie wenig ich über die Aborigines wusste. Sie
kennenzulernen, war unglaublich eindrucksvoll. Bis in die
1960er Jahre hinein wurden den Aborigines ihre Kinder weggenommen, um sie zu »zivilisieren«. Kinder, die eine etwas

hellere Hautfarbe hatten, wurden von westlichen Familien erzogen. Jeder Kontakt mit der eigenen Familie wurde unterbunden. Es leben noch Menschen, die das erfahren haben. Letzten Sommer waren zwei Aborigines hier und haben an einem Abend in der Kirche zu den Jugendlichen gesprochen. Ihnen zuzuhören, verändert vieles und schafft eine Offenheit. Es macht einfach Freude, sich für ganz andere Situationen zu öffnen. Davon möchten wir den Jugendlichen einen Geschmack geben.

SIEGFRIED ECKERT: Taizé ist in gewisser Weise schon immer ein natürlicher Partner für eine Kirche von unten gewesen. Sie selbst sagen: Solidarität beginnt im Herzen jedes Einzelnen. Und der erste Schritt auf diesem Weg müsste ein tiefes Mitgefühl sein. Ist die Welt zu gefühlskalt geworden? Worin sehen Sie Ursachen, dass wir so viel Leid ignorieren und geschehen lassen?

FRÈRE ALOIS: Es ist beeindruckend, mit wie viel Anteilnahme Menschen auf Katastrophen reagieren. Zum Beispiel war nach dem Tsunami in Asien in Europa eine große Hilfs- und Spendenbereitschaft zu spüren. Die Menschen sind nicht gleichgültig. Oder nehmen wir das Foto des toten Aylan Kurdi am Strand von Bodrum: Tausende Kinder sind so gestorben, und doch gibt es immer wieder eine starke Anteilnahme. Die Frage bleibt: Wie kann die Betroffenheit zu einer bleibenden Haltung im Alltag der Menschen werden und nicht nur eine punktuelle Hilfsbereitschaft sein? Ich glaube, was man momentan in Deutschland im Umgang mit den Flüchtlingen beobachten kann, geht in diese Richtung. Die Leute tun das nicht nur mal für einen Tag oder geben schnell einmal Geld. Viele helfen auf längere Zeit und sagen erstaunlich oft: »Dies ist eine große Bereicherung! Mein Leben wird lebenswerter und echter, wenn ich mich nicht dem Leiden verschließe oder ihm aus dem Weg gehe.« Das wäre sowieso nicht möglich; wir werden früher oder später mit dem Leiden konfrontiert, ob wir es wollen oder nicht. Wir können gar nicht früh genug lernen, uns darauf einzulassen. Übrigens können uns gerade dabei auch wieder andere Kulturen helfen, in denen zum Beispiel der Tod viel mehr zum Leben gehört als bei uns in Europa.

SIEGFRIED ECKERT: Sie haben gerade vom halbvollen Glas der vorhandenen Anteilnahme gesprochen. Wo sehen Sie aber auch die Hemmnisse? Warum gibt es so viel Taubheit gegenüber den Schreien der Notleidenden? Viele empfinden scheinbar nichts, sie lassen die Bilder von Leid und Elend nur an sich vorbeirauschen und reagieren eher zynisch darauf. Da sehe ich eine große Not. Manches Herz kann sehr kalt sein.

FRÈRE ALOIS: Das gab es immer schon und wird vielleicht heute sogar stärker. Sicher hat der große Wohlstand dazu beigetragen: Wir wollen ihn absichern und verlieren dabei diese Offenheit. Aber es gibt auch viele Menschen, die selbst zu Schweres zu tragen haben, um sich noch auf das Leid anderer Menschen einlassen zu können. Wenn sich die Herzen verhärten, ist das oft Ausdruck einer inneren Armut. Diese kann durch Wohlstand oder durch große materielle oder soziale Armut entstehen. Das kann man nicht verallgemeinern. Aber ich bin doch erstaunt, wie groß die Hilfsbereitschaft für Flüchtlinge in Deutschland ist. Was oft fehlt, ist das Bewusstsein, dass unser Einsatz für andere auch auf Institutionen angewiesen ist, die dieses Potenzial aufgreifen und ihm einen Rahmen und Dauer verleihen. Es wäre gut, wenn Jugendlichen noch stärker bewusst wäre, dass es Institutionen braucht und man sich auch dort einbringen kann.

SIEGFRIED ECKERT: Plötzlich in großer Not merken wir, wie wichtig Organisationen sind wie »Brot für die Welt«, »Deutsches Rotes Kreuz«, »Caritas« oder »Diakonie«. Plötzlich leisten diese weltweit etwas, was kein Solist schaffen könnte.

FRÈRE ALOIS: Genau darum geht es.

SIEGFRIED ECKERT: Viele sagten nach dem Mauerfall im Jahr 1989: »Die Utopien haben ausgespielt. Der Sozialismus ist erledigt.« Ich möchte Sie fragen, ob ein Sozialismus, der aus seinen Fehlern gelernt hat, nicht aktueller denn je wäre? Es gab in Deutschland Anfang des 20. Jahrhunderts die Tradition eines religiösen Sozialismus. Paul Tillich und Karl Barth waren anfangs mit dabei. Beide sahen in einem geläuterten Sozialismus durchaus urchristliche Anliegen verwirklicht. Und in den südlichen Bereichen Europas erfährt solch linkes Gedankengut gerade eine Renaissance.

FRÈRE ALOIS: Sicher müssen wir neue Wege des Miteinander-Teilens finden. Nur weiß ich nicht, ob das Wort »Sozialismus« dabei hilfreich ist. Es ist geschichtlich belastet. Wir können generell nur begrenzt auf Modelle der Vergangenheit zurückgreifen, dafür hat sich die Welt zu stark verändert. Die Globalisierung und die weltweiten Finanzmärkte haben eine neue Situation geschaffen, die Regulierung braucht, und zwar auf internationaler Ebene. Steuerflucht und Klimawandel sind weitere Herausforderungen. Es müssen auf globaler Ebene demokratische Institutionen geschaffen werden, deren Entscheidungen dann auch umgesetzt werden. Ich hoffe, dass jetzt angesichts des Klimawandels Regelungen getroffen werden, deren Umsetzung kontrolliert wird.

Einige Brüder interessieren sich für spannende Vorschläge wie zum Beispiel das bedingungslose Grundeinkommen. Wir haben dazu schon zwei Soziologen aus Deutschland eingeladen, die diese Idee mit sämtlichen Konsequenzen durchdacht haben. Im Gespräch mit solchen Menschen merkt man, dass es nicht ausreicht, nur die alten Strukturen zu reformieren. Vielleicht brauchen wir tatsächlich grundlegende Veränderungen, um den heutigen Herausforderungen gerecht zu werden.

SIEGFRIED ECKERT: Da sind wir wieder bei der Frage: Transformation oder Revolution? Werden die Übergänge sanft und schmiegsam gelingen, oder stellen sich die revolutionären Fragen neu? Im Kern geht es um die Frage: Wie können wir nicht nur barmherzig, sondern gerecht miteinander umgehen? Die Ärmsten der Armen brauchen keine Almosen, sondern eine gerechte Verteilung der Güter und Lebenschancen. Und Sie sagen zu Recht: Das lässt sich nicht national, sondern nur international lösen. Bleibt also die Frage nach verlässlichen, gesetzlichen und durchsetzbaren Regelungen. Interessanterweise fordern die Leute, die plötzlich nach mehr Regelungen schreien, nun einen stärkeren Staat mit durchsetzungsfähigeren Institutionen. Solche Regelungen werden versuchen müssen, den Kapitalismus und die vermeintliche Freiheit des Marktes stärker zu begrenzen. Auch deshalb ließ sich Papst Franziskus zu dem Satz hinreißen: »Diese Wirtschaft tötet.« Können Sie diesem Satz folgen?

FRÈRE ALOIS: Ich finde, dass Papst Franziskus das in der Enzyklika »Laudato si« sehr eindrucksvoll und differenzierter ausgeführt hat. Es ist ganz wunderbar, dass jemand so deutlich sagt, dass wir nicht so weitermachen können. Ich sehe darin eine große Ermutigung, weil viele Menschen, die Verantwortung tragen, auf ihn hören. Natürlich gibt es auch Widerstand, aber nicht nur. Er hat sehr viel Beifall bekommen.

SIEGFRIED ECKERT: Der Apostel Paulus war der Meinung, dass wir Christenmenschen in, aber nicht von der Welt leben sollen. Papst Benedikt hat bei seiner letzten Rede auf deutschem Boden in Freiburg den Gedanken einer »Entweltlichung« der Kirche stark gemacht. Wie könnte es gelingen, dass wir als freiere Christenmenschen mehr Distanz zum Treiben dieser Welt haben?

FRÈRE ALOIS: Es braucht wirklich den Mut, vom Evangelium her zu leben, ohne zu sehr gleich auf gesellschaftliche und politische Wirkungen zu schielen. Wir sollten mehr aus der Mitte des Evangeliums leben. Natürlich ist unser Beitrag auch ein politischer und sozialer. Aber ohne die Mitte des Evangeliums bringen wir nichts Neues ein. Wie können wir die Menschen, die in unserer Gesellschaft benachteiligt sind, spüren lassen, dass sie den gleichen Wert haben? Laden wir diese Menschen ein? Sind sie außen vor? Haben sie einen Platz bei uns im Gottesdienst?

Anlässlich des 100. Geburtstags Frère Rogers haben wir im letzten Sommer für Jugendliche eine besondere Woche zum Thema »Solidarität« organisiert und dazu kompetente Personen aus den Bereichen der Politik, des gesellschaftlichen Lebens und der Ökologie eingeladen. Dabei kamen interessante Dinge zutage. In derselben Woche haben wir ganz bewusst auch Menschen eingeladen, die am Rand der Gesellschaft stehen. Unsere Brüder, die in Bangladesch leben, haben Menschen mit Behinderungen mitgebracht. Aus Straßburg kam eine Gruppe von Frauen, die früher als Prostituierte gearbeitet haben. Am Ende der Woche haben wir dann die verschiedenen Gäste zum Mittagessen eingeladen. Ich bat die Frauen aus Straßburg, etwas darüber zu erzählen, wie sie die Woche erlebt hatten. Anstatt Kirchenvertretern haben wir also diesen Frauen zugehört! Das war sehr eindrucksvoll, dass sie eine Stimme bekommen haben. Das sollten wir häufiger tun.

SIEGFRIED ECKERT: Das bedeutet, mehr das Evangelium in seiner befremdlichen Weise zu leben, ohne auf die politischen Effekte zu schielen, also um der Sache, vor allem um der Sache Jesu willen, nicht um irgendwelcher Parteibücher willen glaubwürdig zu handeln?

FRÈRE ALOIS: Auch nicht um irgendwelcher Erfolgszahlen oder Rechthaberei willen. Manchmal muss man sich mit Zahlen beschäftigen, aber das soll nicht unsere Hauptsorge sein. Wir sollten aufmerksamer hinsehen, wo das

Evangelium lebendig wird; von dort kommt auch eine Erneuerung in Kirche und Gesellschaft.

SIEGFRIED ECKERT: Und das könnte den Unterschied zur Politik ausmachen, wo viel mehr auf Zahlen und Wahlprognosen geschaut wird. Unser Gespräch begann mit den reformatorischen Themen von Buße und Umkehr – wo wäre in Ihren Augen angesichts der politischen Großwetterlage Buße und Umkehr angesagt?

FRÈRE ALOIS: Zunächst im persönlichen Leben: Wir brauchen Umkehr, und wir können immer umkehren zu Christus. Dieses Zu-Christus-Kommen Tag für Tag persönlich zu leben, ist die große Voraussetzung für alles andere. Das wird uns die Augen öffnen, wo Buße und Umkehr notwendig sind. Zunächst einmal in der Kirche: Sie kann nicht länger so reich bleiben. Jesus hat uns aufgefordert, arm zu sein. Das verlangt eine ständige Umkehr von uns. Ich will damit keine Moralpredigt halten, aber ich weiß, dass wir in dieser Hinsicht sehr aufmerksam sein müssen. Jede Institution neigt dazu, sich zu etablieren und allmählich reicher zu werden. Die Versuchung ist groß, sogar dort, wo nur wenig Mittel vorhanden sind. Die Kirche muss immer wieder ihren Lebensstil hinterfragen, um glaubhaft zu sein. Nur so kann das Evangelium durchscheinen und nicht unsere eigenen Botschaften.

Im gesellschaftlichen Bereich müssen wir noch sensibler werden für die Wunden der Geschichte. Ich habe vorhin von Afrika gesprochen. Die Wunden, die Europa diesem Kontinent zugefügt hat, sind noch nicht verheilt. Dies ist uns zu wenig bewusst. Wir dürfen nicht mit fertigen Lösungen nach Afrika gehen, sondern müssen den Menschen zuhören. Wir sollten sie fragen: Was wollt ihr heute uns Europäern sagen? Während des Sommers gibt es hier in Taizé jede Woche ein Treffen, bei dem jeweils die Jugendlichen eines Kontinents oder eines Landes sprechen und die Jugendlichen aus Europa einfach nur zuhören. Uns die Wunden der Geschichte noch bewusster zu machen, ist mir ein großes Anliegen.

Auch unsere Haltung zu China ist oft oberflächlich. Wir kritisieren nur den politischen und wirtschaftlichen Expansionismus dort, versuchen aber nicht, dieses riesige Land mit seiner langen Geschichte wirklich zu verstehen. Wir müssen versuchen, China von innen heraus zu begreifen, anstatt es von unserem europäischen Standpunkt her zu kritisieren. Andernfalls gehen wir Konflikten entgegen, die vermeidbar sind. Ein junger Chinese sagte mir einmal ganz deutlich: »Kann das demokratische Modell tatsächlich einfach so auf China übertragen werden? Und ist die Demokratie denn im Westen so ideal verwirklicht, wie man immer vorgibt?« Das sind Fragen, denen wir uns stellen müssen. Wir können nicht einfach sagen: Wir Europäer, wir westlichen Weltbürger stehen an der Spitze des Fortschrittes und der Rest der Welt muss dem folgen und das hinnehmen. Da ist ein Umdenken nötig, zu dem die Kirche und die Christen viel beitragen könnten. Doch allzu oft sind wir nur mit unseren nationalen Themen beschäftigt.

SIEGFRIED ECKERT: Ich möchte auch behaupten, dass unsere Art der Demokratie nicht gerade der Exportschlager einer idealen Demokratie ist. Hinter den Kulissen unserer repräsentativen Form herrscht ein hochgradiger Ausverkauf an eine marktkonforme Gesellschaft. Da erscheint es mir verständlich, sich aus chinesischer Perspektive zu fragen: Was wollt ihr uns da eigentlich verkaufen? Und wie glaubwürdig seid ihr in dem, was ihr für diese Welt parat habt?

FRÈRE ALOIS: Es geht darum, in einen Dialog zu treten und zu fragen: Was ist euer Weg? Jugendliche tun sich heute in China sehr schwer, eine andere Orientierung im Leben zu finden als nur den Konsum. Es gibt dort immer mehr Stimmen, die sagen, dass die Religion in der Gesellschaft eine

wichtige Funktion hat. Da ist viel in Bewegung; dies nehmen wir zu wenig wahr. Ich will natürlich die Freiheit, die
wir uns hier in unseren Demokratien in Europa erkämpft
haben, nicht abwerten. Diese Freiheit ist ein großer Wert.
Nur sollten wir sie auch richtig gebrauchen. Noch garan-
tieren uns diese Freiheit die Institutionen. Die eigentliche
Frage ist: Was machen wir mit ihr?

SIEGFRIED ECKERT: Das ist auch das Thema unseres Bun-
despräsidenten: Wie verstehen wir Freiheit, wie gilt es sie
zu schützen, wozu und wovon sind wir frei? Ich möchte
noch einmal auf die Flüchtlingsfrage zurückkommen. Mich
sprach neulich ein Gemeindemitglied an: »Müssten wir
nicht eher von Heimatvertriebenen sprechen als von Flüchtlingen?« Da musste ich an die Geschichte Ihrer Eltern denken. Der Begriff »heimatvertrieben« beschreibt im Grunde
die Not derer, die zu uns kommen, sehr treffend. Könnte die
aktuelle Flüchtlingsfrage im Raum der Kirche nicht bald zu
einer Bekenntnisfrage werden wie einst die Judenfrage im
Dritten Reich?

FRÈRE ALOIS: Angesichts der vielen Flüchtlinge müssen wir
klar Stellung beziehen, allerdings würde ich diese Situation
nicht mit der Judenfrage vergleichen. Doch die Kirche ist in
dieser Angelegenheit tatsächlich zu einem klaren Bekenntnis herausgefordert.

SIEGFRIED ECKERT: 35.000 Menschen sind bisher im Mittel-
meer auf der Flucht ertrunken, und keiner weiß, wie hoch
die Dunkelziffer ist. Die meisten Flüchtlinge sollen übrigens
in der Sahara umkommen. Das ist schon ein Massenster-
ben, was da stattfindet und von Europa in Kauf genommen
wird. Warum? Weil wir die Menschen nicht mit einer europäischen Einwanderungspolitik geordnet hereinlassen,
sondern sie sich in die Hände von Schleusern begeben müssen. Wir könnten sie alle einfliegen lassen. In jeder Urlaubs-
zeit fliegen mehr Menschen in wenigen Wochen hin und her.

Wir müssen als Kirchen noch viel deutlicher auftreten, bei allen Ängsten, die in der Bevölkerung herrschen.

FRÈRE ALOIS: Ja, aber wir müssen auch diese Ängste ernstnehmen.

SIEGFRIED ECKERT: Aber der Tod so vieler Unschuldiger ist doch viel existenzieller?

FRÈRE ALOIS: Natürlich! Es gibt keinen anderen Weg, als die Flüchtlinge aufzunehmen! Kein Zaun wird sie aufhalten. Doch um den Menschen zu helfen, dies zu verstehen, müssen wir ihre Ängste ernst nehmen und die Herausforderungen, die damit verbunden sind, klar benennen. Wir müssen Regelungen finden, um die Neuangekommenen zu integrieren, zum Beispiel dadurch, dass sie schneller hier arbeiten können.

Die besondere Rolle der Kirchen könnte sein, deutlich zu machen, dass diese Situation für unser Europa nicht nur eine neue Herausforderung darstellt, sondern auch neues Leben weckt. Ganz Europa muss in dieser Frage eine solidarische Antwort finden. Das ist momentan die große Aufgabe.

SIEGFRIED ECKERT: Und das trifft den Nerv unseres Kirche-Seins: Wie gehen wir mit denen um, die bei uns eine zweite Heimat suchen? Eine Fluchtursache ist der Terror des IS. Hier wird eine Religion instrumentalisiert und für ein brutales Vorgehen in Geiselhaft genommen. Sie wurden vor Kurzem in einer französischen Tageszeitung zitiert, dass Sie sich durchaus dafür aussprechen, diesbezüglich militärische Mittel einzusetzen. Doch der zweite Teil Ihres Satzes war dann nicht mehr von Interesse: Dietrich Bonhoeffer hatte einmal das Bild verwendet von dem Rad, dem wir in die Speichen greifen sollten. Damit hat er unter anderem seine Mitwirkung am Attentat gegen Hitler begründet. Was denken Sie dazu?

FRÈRE ALOIS: Man darf nie vergessen, dass ein militärischer Einsatz auch ein Übel ist. Aber die Frage bleibt: Verhindert er größeres Übel? Das will ich nicht zu schnell verneinen. Ich denke diesbezüglich immer auch an Bonhoeffer und frage mich, ob nicht in gewissen Fällen Gewalt ein größeres Übel verhindert.

SIEGFRIED ECKERT: Als Heinrich Bedford-Strohm 2014 zum Ratsvorsitzenden der EKD gewählt wurde, war seine erste öffentliche Tat eine Fahrt in den Nordirak. Dort hat er das unermessliche Leid der Jesiden gesehen. Als bayrischer Landesbischof und Ratsvorsitzender trat er für Waffenlieferungen ein, um Schlimmeres zu verhindern. Das war ein umstrittener Start. Im Grunde formulieren Sie diesen Zwiespalt auch.

FRÈRE ALOIS: Wobei ich hinzufügen möchte und was ich in diesem Artikel auch gesagt habe, dass das keine Lösung ist. Selbst wenn wir mit militärischen Mitteln momentan größeres Übel verhindern, schaffen wir noch keine grundlegende Veränderung. Das ist die eigentliche Frage: Wie können wir einen neuen Anfang schaffen? Ein solcher Neuanfang könnte Realität werden, wenn wir in unserer eigenen Umgebung auf Muslime zugingen, um gemeinsam gegen Gewalt Stellung zu beziehen.

SIEGFRIED ECKERT: Sie sagen, dass Sie Kontakte in Frankreich haben. Haben Sie auch vertrauenswürdige muslimische Ansprechpartner in der arabischen Welt? Gibt es für Sie eine Möglichkeit, ins Gespräch zu kommen?

FRÈRE ALOIS: Wir haben im Libanon christliche Freunde, die wiederum sehr gute Beziehungen zu ihren muslimischen Mitbürgern haben, aber dass wir einen Einfluss hätten, würde ich nicht sagen.

SIEGFRIED ECKERT: Sehen Sie in der Redeweise von den drei abrahamitischen Religionen eine Chance, das interreligiöse Gespräch zwischen Christen, Juden und Muslimen hin zu einer aktiveren Friedensarbeit zu öffnen?

FRÈRE ALOIS: Zweifellos, wobei wir zum einen darüber sprechen sollten, was uns in unserem Glauben verbindet, und
zum anderen, was uns trennt. Wir dürfen nicht nur auf der
politischen Ebene bleiben, sondern müssen uns fragen, was
uns im Glauben trennt, ohne dadurch zu Konkurrenten oder
gar zu Feinden zu werden. Wie können wir theologisch zum
Ausdruck bringen, dass Juden und Muslime wirklich unsere Geschwister sind, obwohl wir in entscheidenden Punkten des Glaubens ganz anderer Auffassung sind? Lassen
wir diesen Pluralismus zu? Und was bedeutet das für die
Mission, für unseren Missionsauftrag? Das sind Fragen, die
theologisch noch nicht genügend aufgearbeitet wurden. Es
reicht nicht, einfach zu sagen: Abraham ist unser gemeinsamer Vater und deshalb sollen wir gemeinsam Frieden stiften. Wir müssen zu einem tieferen Verständnis finden.

SIEGFRIED ECKERT: Da komme ich gleich zur Missionsfrage:
Wie hält es Taizé in solch religiös unruhigen Zeiten mit der
Mission?

FRÈRE ALOIS: Ein Ureinwohner in Australien sagte mir letz-
tes Jahr: »Gott war schon bei uns, noch bevor die Christen
kamen.« Dieser lapidare Satz hat mich sehr beeindruckt.
Natürlich sollen wir nicht meinen, wir wären die Ersten, die
den Menschen Christus bringen. Gott ist schon da, einfach
dadurch, dass ein Mensch existiert. Das sagt auch unser
Glaube: Laut dem Buch Genesis ist jeder Mensch als Eben-
bild Gottes erschaffen. Es werden keine Bedingungen gestellt, es genügt, dass der Mensch existiert. Wenn wir über
Mission nachdenken, dürfen wir deshalb nicht vergessen,
dass Gott schon da ist, selbst in den anderen Religionen.
Natürlich gibt es auch Aberglaube. Christus wollte keine
neue Religion gründen, die in Konkurrenz zu anderen Religionen steht. Er wollte allen Menschen die Liebe Gottes ver-
künden. Das ist nicht einfach das Gleiche. Das Christentum

erhebt den Anspruch der Reinigung von allem Religiösen, das keine echte Gottesbeziehung zum Ausdruck bringt.

SIEGFRIED ECKERT: So ähnlich hätte das auch Karl Barth sagen können. Jesus hatte also einen Sinn fürs Mystische, aber nicht fürs Magische?

FRÈRE ALOIS: Jesus erhob den Anspruch, das Reich Gottes zu bringen, und wies immer wieder darauf hin, wo es bereits gegenwärtig ist.

SIEGFRIED ECKERT: Er konnte sagen: Es ist schon mitten unter euch, jetzt!

FRÈRE ALOIS: Es ist mitten unter uns, und Jesus konnte das sehen. Er sah, was andere nicht sahen. Er beobachtete einmal eine arme Witwe, die im Tempel zwei Münzen in den Opferkasten warf. Zu ihr sagte er nichts, aber er wies seine Jünger auf sie hin. Er bringt ans Licht, was nur er gesehen hat: dass in der Bereitschaft, alles zu geben, das Reich Gottes schon da ist. Der Blick Jesu konnte die Gegenwart Gottes erkennen. Er schaute jemanden an und spürte: Gott ist da.

Die Frage ist nur: Wie können wir die Allgegenwart Gottes damit verbinden, dass Christus der Weg, die Wahrheit und das Leben ist? Denn daran glauben wir. Ich bin fest davon überzeugt, dass Christus der Weg für alle Menschen ist, aber ohne dass man ihnen das aufdrängt. Er will als Auferstandener bei jedem Menschen sein und wartet mit unendlicher Geduld darauf, dass wir ihn erkennen. Diese Geduld erwartet er auch von uns; durch sie können wir anderen helfen, ihn zu erkennen.

In Bangladesch taufen die Brüder, die dort leben, niemanden. Erstens sind sie weder Pastoren noch Priester und zweitens würde man ihnen sofort ihr Visum entziehen. Aber dies entspricht auch unserer Sicht von Mission: Wir möchten den Menschen helfen, Christus zu erkennen, und zwar durch unsere Gemeinschaft, durch unser Zusammenleben. Das erfordert mehr Geduld als früher, als man nicht lange gewartet hat, um die Menschen zu taufen. Da ist man heute sehr viel sensibler.

Im letzten Sommer war Pater Adolfo Nicolás, der Generalobere der Jesuiten, hier, der lange in Japan gelebt hat. Er sprach davon, dass Christus der Weg, die Wahrheit und das Leben sei. Er erzählte, dass die Europäer, als sie den Menschen in Japan sagten: »Wir bringen euch die Wahrheit«, zur Antwort bekamen: »Ja, aber wir haben den Weg.« In den asiatischen Religionen spielt »der Weg« eine sehr wichtige Rolle, so wie in Lateinamerika und in Afrika vielleicht »das Leben«. Er wollte damit sagen, dass wir für die Menschen in anderen Kulturen andere Zugänge zum Evangelium finden müssen. Es müssen nicht alle Platon gelesen haben, um das Evangelium zu verstehen. In diesem Sinn wollen wir mehr aufeinander hören und immer wieder zu entdecken versuchen, wo die Güte Gottes schon da ist. Dabei stützen wir uns auf das Wort Jesu, dass wir in Armen, Kranken und Gefangenen in Wirklichkeit ihm begegnen. Er sagte ja: Ihr habt damit nicht nur ein gutes Werk getan, sondern ihr habt es mir getan!

Siegfried Eckert: Vom Judentum habe ich gelernt, was Sie vom Generaloberen der Jesuiten erzählen: dass die Thora der Weg zum Leben ist. Deswegen können Juden sagen: Wenn für euch Jesus der Weg zum Leben ist, also wenn Jesus eure Thora ist, können wir sagen, wir sind schon bei Gott, weil wir die Thora schon länger achten und ihr folgen. Freut euch darüber, dass ihr jetzt mit Christus euren Weg gefunden habt, um dorthin zu kommen, wo wir schon länger sein dürfen. Wahrscheinlich könnten Muslime sagen: Für uns ist der Koran der Weg, die Wahrheit und das Leben, um uns zu Gott zu führen. Patriarch Alexej, der Moskauer Patriarch, hat über Taizé einmal gesagt: »Die orthodoxen Jugendlichen kommen aus Taizé mit einer größeren Treue zu ihrer eigenen Kirche zurück. In Taizé wird kein Proselytismus betrieben, das heißt, niemand versucht dort einen anderen zu bekehren.« Wenn das für Konfessionen gilt, wäre meine Frage: Gilt das auch für andere Religionen? Kein Proselytentum im Blick auf andere Religionen?

FRÈRE ALOIS: Ich glaube, je tiefer wir in Christus verwurzelt sind, desto offener werden wir für alles, was menschlich ist. Und das sollen wir zuerst suchen: Wo ist das zutiefst Menschliche? Christus wollte, dass wir noch mehr Mensch werden. Gott ist Mensch geworden, ganz Mensch geworden, und wir sind eher noch Halbmenschen. Wir leben halb lebendig. Wo tiefe menschliche Barmherzigkeit und Güte gelebt werden, dort ist Christus bereits gegenwärtig. Aber es bleibt eine Spannung in unserem Glauben: Wir wollen, dass Christus erkannt wird, nicht als jemand, der etwas abschafft, sondern der erfüllt und der vielleicht auch in anderen Religionen mehr Erfüllung sein will, als nur Abschaffung. Wir sollten einmal die Missionsgeschichte näher betrachten und uns fragen: Wo haben wir nur abgeschafft? In Süd-Dakota hatten uns Indianer vom Stamm der Sioux vor ein paar Jahren eingeladen – etwas sehr Seltenes –, ein Jugendtreffen bei ihnen im Reservat vorzubereiten. Das war eine wunderbare Erfahrung. Die weißen Amerikaner, die daran teilnahmen, haben den Indianern anschließend für ihr Vertrauen gedankt und gesagt: »Ihr habt uns eingeladen, obwohl wir in der Geschichte euer Vertrauen oft missbraucht haben.« Man muss wissen, dass Missionare den Sioux die Kinder weggenommen und oft in tausend Kilometer weit entfernte Schulen gesteckt haben – ganz ähnlich wie bei den Aborigines in Australien. Diese Wunden der Geschichte müssen wir berücksichtigen, wenn wir heute über Mission sprechen. Wir müssen auch um Vergebung bitten. Trotz alledem dürfen wir deutlich sagen, dass wir an Christus als den Retter allen Lebens glauben. Doch das kann niemals bedeuten, dass wir andere Kulturen und Religionen vernichten.

SIEGFRIED ECKERT: Der Theologe Fulbert Steffensky sagt: »Mission heißt zu zeigen, was ich liebe.« Ich könnte mir vorstellen, dass das auch mit Ihrem Verständnis von Mission übereinstimmt?

FRÈRE ALOIS: Ich würde hinzufügen: »Mission heißt zu zeigen, wen ich liebe«, also den Christusbezug deutlicher machen. Und ich würde auch fragen: Was finde ich bei und in den anderen wertvoll und liebenswert?

SIEGFRIED ECKERT: Das Leben von Taizé ist ein Gleichnis für vieles: für die Kirche, aber auch für eine multikulturelle und multikonfessionelle Gemeinschaft. Warum ist »Multikulti« in unserer Gesellschaft zum Schimpfwort geworden? Warum erlebt der Rechtspopulismus nicht nur in Frankreich eine so erschreckende Auferstehung?

FRÈRE ALOIS: Weil es objektiv schwierig ist, mit verschiedenen Kulturen zusammenzuleben, denn das bedeutet oft eine Infragestellung unserer eigenen Werte. Und weil wir von unserer Warte aus, von den eigenen Werten her, nicht hinaufschauen auf die anderen Kulturen, ihnen mit Achtung zu begegnen. Stattdessen haben wir immer die Tendenz herunterzuschauen. Das schafft Spannungen. Wenn zum Beispiel muslimische Feste anstehen, hört man die Frage, ob man in seiner Wohnung ein Schaf schlachten darf. Das ist vielen Europäern fremd und schockiert manchmal. Es ist keine Kleinigkeit, andere Kulturen in der eigenen Umgebung zu akzeptieren. Dazu braucht es sehr viel Erklären und Lernbereitschaft. Es geht uns Brüdern genauso: Ein Afrikaner hat ein anderes Verhältnis zur Zeit. Das schafft im Alltag manchmal Spannungen, und hätten wir in der Communauté im Glauben an Christus nicht einen tieferen gemeinsamen Bezugspunkt, dann wäre es noch viel schwerer, in unserer Unterschiedlichkeit zusammenzuleben.

SIEGFRIED ECKERT: Das scheint mir eine zutreffende Wahrnehmung zu sein, dass unser kultureller Blick, vielleicht vor allem der europäische, oft ein Blick von oben herab ist. Dietrich Bonhoeffer hat gesagt, Christi Blick sei der Blick von unten. Bonhoeffer hatte damit die Haltung der Demut im Blick, die vielleicht die einzig angemessene Haltung im interkulturellen und interreligiösen Miteinander sein könnte?

FRÈRE ALOIS: Das ist in der Tat eine große Aufgabe für die Zukunft, und da stehen wir noch ganz am Anfang. Aber es ist auch eine spannende Aufgabe.

SIEGFRIED ECKERT: Ich komme noch einmal auf Dietrich Bonhoeffer zurück. Er hat es am Ende seines Lebens in seinen Gefängnisbriefen nur andeuten können und sinnierte darin über ein religionsloses Christentum. Er schrieb an seinen Freund Eberhard Bethge, er wolle »irgendwie ohne Gott von Gott sprechen«. Ihm war wohl meist unwohl, wenn einem in frommen Kreisen das religiöse Vokabular allzu leicht über die Lippen kam. Sie selbst fordern, ich zitiere Sie einmal: »Wir müssen eine Grenze überschreiten, um eine Sprache zu finden für die großen Kulturen Asiens, aber auch um zu den technisch und wissenschaftlich denkenden Menschen des 21. Jahrhunderts sowie zu den Kulturen Afrikas zu sprechen.« Hat unser christlicher Glaube ein Sprachproblem?

FRÈRE ALOIS: Unser Glaube hatte schon immer ein Sprachproblem, von den ersten Christen bis heute: Wie können wir das Befreiende und das immer Neue des Evangeliums in einer Sprache sagen, die die Menschen verstehen? Luther hatte eine Sprache gefunden, aber es genügt nicht, einfach seine Worte zu wiederholen. Wir müssen immer wieder eine Sprache finden, die die Menschen verstehen. Das heißt aber nicht, alle überlieferten Ausdrücke über Bord zu werfen. Es geht vielmehr darum, die verborgene Präsenz Gottes bei den Menschen noch deutlicher wahrzunehmen;

dann werden wir fähig, sie ins Wort zu bringen. Frère Roger hatte diese Gabe; auch bei Menschen, die mit dem Glauben vielleicht Schwierigkeiten hatten oder sich weit von Gott entfernt fühlten. Er hatte die Fähigkeit, in den Menschen das Gute zu sehen und ans Licht zu bringen und so die Menschen mit dem Evangelium bewusster in Berührung zu bringen. Also, nicht immer gleich – wenn ich das mit Bonhoeffer sagen darf – in religiöser Sprache, sondern feinfühliger. Er wollte herausfinden, wo Gott gegenwärtig ist und das auch deutlich sagen. Ich finde, Papst Franziskus macht das ganz wunderbar. Das Evangelium wird bei ihm verständlich; er drückt sich sehr anschaulich aus. Papst Benedikt war auf andere Weise verständlich.

SIEGFRIED ECKERT: Benedikt hat eher zum Kopf gesprochen und Franziskus spricht mehr das Herz an. Beide Ansprachen sind je nachdem nötig. Wenn ich Sie bisher richtig verstanden habe, haben Sie keine Angst davor, dass wir das Besondere unseres Glaubens verlieren, wenn wir uns auf den Reichtum der Kulturen der anderen einlassen? Hat Ihr schwäbisches Herz schon immer so weltoffen geschlagen, oder ist dies der Herzensbildung in Taizé zu verdanken?

FRÈRE ALOIS: Ich erinnere mich noch, wie ich in meinen letzten Schuljahren abends in Stuttgart gerne auf die Uhlandshöhe ging und von dort aus im Tal den Bahnhof und die Züge sah. Nach dem Umbau wird das nicht mehr möglich sein. Die Züge sind aus dem Bahnhof ausgefahren und ich hatte den Eindruck, es braucht etwas Weiteres. Mich drängte es zu einer größeren Weite. Die habe ich dann hier gefunden, sowohl im Glauben als auch menschlich und gesellschaftlich; das kann man nicht voneinander trennen.

SIEGFRIED ECKERT: Eine vorletzte Frage noch: Viele Klöster stehen vor dem Aus, weil der Nachwuchs fehlt. Wie sieht es mit der Zukunft der Communauté aus?

FRÈRE ALOIS: Das weiß nur Gott. Aber wir sind dankbar, dass immer wieder junge Brüder aus ganz verschiedenen kulturellen Situationen, Ländern, Kontinenten und Konfessionen in die Communauté eintreten. Die Communauté bleibt im weiten Sinn des Wortes wirklich ökumenisch. Dafür sind wir sehr dankbar.

SIEGFRIED ECKERT: Am Nachmittag vor seinem Tod soll Frère Roger einen Satz begonnen haben, den er nicht zu Ende führen konnte: »Sofern unsere Communauté in der Menschheitsfamilie Möglichkeiten schafft ... auszuweiten ...«. Was könnte er mit »ausweiten«, mit »weit werden lassen« gemeint haben?

FRÈRE ALOIS: Sicher meinte er damit zuerst einmal unser Herz. Davon ging für Frère Roger alles aus. Und dann das Wagnis, wirklich zu den anderen zu gehen und immer wieder den Mut zu haben, uns die Frage zu stellen: Wer sind heute diese anderen, zu denen wir gehen sollen? Wo wartet Christus in den anderen schon auf uns? Sicher verbirgt sich in diesem Satz, den Frère Roger nicht zu Ende gesprochen hat, seine tiefe Leidenschaft für Christus, der Gemeinschaft ist. Für ihn waren Christus und Gemeinschaft untrennbar miteinander verbunden, aber auch nicht ganz deckungsgleich. Christus ist schon vor uns da, er wartet auf uns und wird wiederkommen. Aber für uns Christen ist sein Gesicht in der Gemeinschaft der Kirche sichtbar. Und dieses Gesicht kann nicht gespalten sein.

SIEGFRIED ECKERT: Amen!

V.

Der Durst wird uns leuchten

Mit 17 Jahren fuhr ich das erste Mal nach Taizé. Das ist schon lange her. Seither ist mir dieser Ort sehr vertraut geworden. Die Gebete und Gesänge auf dem Hügel sind wie ein großes Nach-Hause-Kommen. Die Versöhnungskirche nenne ich mein geistliches Wohnzimmer. Und Frère Roger hat seit 35 Jahren bei mir die Rolle eines geistlichen Hausvaters inne. Mittlerweile bin ich dreifacher Familienvater, langjähriger Gemeindepfarrer und streitbarer Geist meiner Kirche. Unter dem Titel »2017. Reformation statt Reförmchen« veröffentlichte ich eine kritische Ouvertüre zum Reformationsjubiläum. Danach richtete sich mein Blick nach innen. Ich schrieb mir das Buch »Demut. Was uns gelassener leben lässt« von der Seele, welches Frère Roger gewidmet ist. Mit »Mehr Ökumene wagen« schließt sich nun der Kreis. In einem Protestantismus, der sich einer fortwährenden Reformation verpflichtet weiß, darf die Ökumene 2017 nicht nur im Beiboot sitzen. Der reformatorische Ruf »Zurück zu den Wurzeln!« hat sich der Frage zu stellen: Wie kann eine Rückkehr zur Einheit in versöhnter Verschiedenheit gelingen?

Meinen Konfirmanden sage ich gerne: Der Protestantismus ist die Konfession der Frage. Fragen strukturierten schon den Heidelberger und Luthers Katechismus. Die Religionspädagogik der Frage wurzelt im Judentum: »Was wirst du deinem Kinde sagen, wenn es dich morgen fragen wird?« Ein Bruder in Taizé war es, der mich ermutigte, mein Theologiestudium fortzusetzen, als ich kurz davor war, es abzubrechen, mit dem Hinweis: »Es braucht Menschen wie Sie in der Kirche, die ihre Fragen stellen.« Für die Begegnung mit Frère Alois hatte ich exakt 95 Fragen im Gepäck, immerhin keine Thesen. Die Art seines Zuhörens, seine Besonnenheit und Geistesgegenwart beeindruckten mich und sorgten für zahlreiche Gänsehautmomente. Dass wir auf Frère Roger vielfach Bezug nahmen, wird nicht erstaunen. Überraschender ist, wie scheinbar reibungslos die Communauté nach Rogers tragischem Tod ihren Dienst an der Kirche fortsetzt. Taizé ist keine religiöse Denkmalschutzbehörde geworden, sondern ein vitales Gleichnis des Evangeliums geblieben.

Darf ich es sagen, unserem kühlen Gehäuse des Protestantismus täte mehr Herzenswärme gut? Warum nicht mehr Herz über Kopf? Auch könnte der pfingstliche Geist von Taizé ruhig etwas stärker ins Land der Reformation herüberwehen. Wir feiern 2017 kein Firmenjubiläum, sondern ein Fest der Kirche. Vor 500 Jahren gelang ein Befreiungsschlag, als der Leib Christi Gefahr lief, bis zur Unkenntlichkeit entstellt zu werden. In diesem Sinn begehen wir ein Christusfest, zielten doch alle reformatorischen Anliegen im Kern auf ein unverfälschteres Christuszeugnis: allein der Glaube, allein die Gnade, allein die Schrift, allein Christus! Und im Blick auf die Kirche sei ergänzt: Allein in der Gemeinschaft liegt Zukunft. Keine Stimme findet gegenwärtig konfessionsübergreifend mehr Gehör als die der Brüder von Taizé.

500 Jahre Reformation sorgen leider nicht überall für Festtagsstimmung. Der Anlass gibt zu denken. Deshalb spricht der katholische Nachbar von Reformationsgedenken. Zuvor hatten wir Protestanten uns mühsam auf die Rede vom »Reformationsjubiläum« geeinigt, um eine einseitige Luthersause zu vermeiden. Denn vielen reformatorischen Kräften ist es zu verdanken, dass die »Freiheit eines Christenmenschen«, das Priestertum aller Gläubigen und die Wiederentdeckung des Wortes als Richtschnur des Glaubens als zentrale Errungenschaften des Christentums Gültigkeit besitzen. Über die Jahrtausende hinweg hat sich die Kirche als Institution zwar

ausdifferenziert zwischen Ost und West, katholisch und evangelisch, verfassten Kirchen und freien christlichen Gemeinschaften. Dennoch gilt: Was Gott zusammengefügt hat, das kann der Mensch nicht trennen. In Anlehnung an Willy Brandt haben wir meines Erachtens nicht mehr Demokratie, sondern mehr Ökumene zu wagen! »Lebe das vom Evangelium, was du verstanden hast«, betonte Frère Roger oft. Wann leben wir von der Ökumene, was wir längst verstanden haben müssten?

Das Zustandekommen dieses Buches verdankt sich vielen guten Geistern. An erster Stelle möchte ich Frère Alois nennen. Ebenso habe ich einigen Brüdern zu danken, die sich in geschwisterlicher Weise seit unseren Gesprächen im November 2015 um die Endfassung mühten. Nicht zuletzt bin ich persönlich über das Geleitwort von Anne und Nikolaus Schneider sehr dankbar. Zudem ist es nicht selbstverständlich, dass ein protestantischer Verlag pünktlich zum Beginn der Feierlichkeiten mehr Ökumene mit einem »Dorfpfarrer« aus Bonn-Friesdorf gewagt hat. Dafür sind doch ansonsten eher hochdekorierte Kommissionen zuständig. Aber vielleicht ist das eines der Probleme?

»Brannte nicht unser Herz, als er uns die Schrift auslegte?«, lautete die erstaunte Frage der Emmausjünger im Rückblick. Mit Brot und Wein hatte der Auferstandene ihnen ihre gehaltenen Augen geöffnet. Der Tisch des Herrn darf nicht länger als Zankapfel zwischen den Konfessionen stehen. Möge Christus uns endlich die Augen öffnen, damit wir seine Gegenwart in der Konfession der jeweils anderen erkennen. Und könnte ein als Dienst und Repräsentanz verstandenes Papstamt nicht doch noch zum Türöffner werden zu einem Amtsverständnis, das alle Kirchen verbindet? Dann bräuchte es auch keine Genitiv-Ökumene mehr: Die Formeln von einer Ökumene der Profile, der Gaben oder des Herzens haben noch nicht wirklich geholfen, der Einheit der Kirche näherzukommen. Die Schlüsselfrage bleibt: Wessen Geistes Kinder sind wir? Wollen wir weiter den Geist der Furcht kultivieren? Oder glauben wir daran, dass Gott uns einen Geist der Kraft, der Liebe und der Besonnenheit geschenkt hat? Ökumene ist eine Frage der Geisteshaltung. So sei über 2017 hinaus allen guten Geistern in der ökumenischen Arbeit gewünscht: *veni creator spiritus*! Nichts als der Durst wird uns leuchten.

Im Herbst 2016
Siegfried Eckert

VI.

Gemeinsam weitergehen

Vortrag von Frère Alois im Rahmen der Ökumenischen Tagung der Arbeitsgruppe »2017 gemeinsam unterwegs« am 26. Februar 2016 in Würzburg-Himmelpforten

Einheit und Pluralismus

Die ökumenische Bewegung entstand im letzten Jahrhundert vor allem aus dem Anliegen heraus, eine konfessionelle Rivalität in den Missionsländern zu vermeiden. Heute stellt sich die Frage etwas anders, und dies klingt im Thema bereits an: Sind wir Christen in der Lage, die Unterschiede, die zwischen uns bestehen, anzunehmen und mit ihnen gemeinsam weiterzugehen, um auf diese Weise Sauerteig des Friedens unter den Menschen zu sein?

Die Kirche ist der Leib Christi mit einer klaren und sichtbaren Gestalt. Doch das Evangelium stiftet eine noch weiter reichende Gemeinschaft: Für Gott bilden alle Menschen eine einzige Familie. Daher stellt sich die Frage: Wie können wir Christen zeigen, dass Einheit möglich ist, ohne die zwischen uns bestehenden Unterschiede zu leugnen? Wenn es uns gelingt, in wahrer Einheit zusammenzuleben und gleichzeitig unseren Pluralismus anzunehmen, werden wir zu einem Zeichen für die Menschheit, die ebenfalls nach Einheit strebt.

Die Globalisierung wird heute allerdings von vielen als Bedrohung empfunden. Die Schaffung größerer Wirtschaftsräume, der Abbau politischer Grenzen, aber auch die Unüberschaubarkeit der weltweiten Migration machen es vielen schwer, die Globalisierung positiv zu sehen. Manche haben den Eindruck, ihre Wurzeln zu verlieren oder sehen ihre eigene Identität bedroht. So entstehen Ängste und man beginnt, sich erneut voneinander abzugrenzen. Dies führt zu Spannungen und kann sogar gewaltsame Konflikte auslösen.

Dies trifft auch auf die Christen zu: Obwohl zwischen den Kirchen noch nie so viele Beziehungen bestanden wie heute, gab es auch noch nie so viele unterschiedliche Kirchen und christliche Gemeinschaften. Manchmal wird so getan, als ob man mit unterschiedlichen Kirchen mehr Menschen erreichen könnte. Zweifelsohne entsprechen die vielen neu entstehenden Gemeinschaften einem Bedürfnis von Menschen, die Christus aufrichtig lieben. Aber wir dürfen nicht vergessen, dass Christus uns durch sein Kreuz und seine Auferstehung in einen einzigen Leib, in einen neuen Bund mit Gott zusammengeführt hat. Christus ist so weit gegangen, sogar sein Leben hinzugeben, um »die verstreuten Kinder Gottes zusammenzubringen«[1]. Er hat Mauern eingerissen und am Kreuz seine Arme über die getrennte Menschheit ausgebreitet. Seitdem gibt es nichts mehr, was unsere innere Distanz zu anderen rechtfertigen würde.

Alle, die Christus lieben, sind in seiner Nachfolge in eine große Gemeinschaft eingeladen. Durch diese Gemeinschaft, die Freundschaft ist, können die Christen dazu beitragen, die Wunden der Menschheit zu heilen. Sie können, ohne sich aufzudrängen, eine weltweite Solidarität vorantreiben, die niemanden ausschließt: kein Volk, keinen einzigen Menschen.

Im Gegensatz dazu hat man sich heute an einen höflichen Umgangston zwischen den Konfessionen gewöhnt, der oft nur unzureichend verdeckt, dass man sich nach wie vor voneinander abgrenzt und nicht ernsthaft nach konkreten Schritten der Versöhnung sucht. In offiziellen Gesprächen werden zwar Fortschritte gemacht, aber die Trennungen werden weiterhin mit theologischen Spitzfindigkeiten gerechtfertigt. Wir

Christen müssten uns eigentlich schämen, nicht mehr für die von Christus gewollte Einheit zu tun. Gerade junge Menschen suchen einen Sinn und einen festen Halt im Leben; sie erwarten unsere Hilfe, und wir dürfen sie nicht länger durch unsere Trennungen verwirren.

Suchen wir einen neuen Ausgangspunkt!

Wir stehen heute also vor einer doppelten Herausforderung: Eine Gemeinschaft all derer, die Christus lieben, kann nur entstehen, wenn wir die zwischen uns bestehende Vielfalt respektieren. Gleichzeitig muss diese Gemeinschaft sichtbar sein, um Orientierung zu bieten. Die sichtbare Einheit muss somit einen großen Pluralismus anerkennen. Papst Franziskus spricht in diesem Zusammenhang nicht mehr von einer Kugel, deren Punkte alle gleich weit vom Zentrum entfernt sind, sondern er gebraucht das Bild eines Polyeders, eines Gebildes mit vielen Flächen. Für ihn ist die Kirche »Verschiedenheit, die in Gemeinschaft vereint ist, nicht in Gleichheit, sondern in Harmonie«. So möchte ich einen ersten Vorschlag machen, wie wir »gemeinsam weitergehen« können: Wir müssen einen neuen Ausgangspunkt finden, um zu dieser »versöhnten Verschiedenheit« zu gelangen.

Von »Einheit« und »Verschiedenheit« zu sprechen, ist zunächst mit zwei Gefahren verbunden: Die erste besteht darin, mit unserer Verschiedenheit die bestehenden Trennungen zu rechtfertigen. Die zweite Gefahr ist, Einheit mit Einförmigkeit zu verwechseln. Diese Risiken zu umgehen, gleicht einer Gratwanderung. Wie können Einheit und Verschiedenheit also in Einklang gebracht werden?

Zu lange hat man immer wieder damit begonnen, alle uns trennenden Punkte aufzulisten und zu analysieren. Dies mag ein notwendiger erster Schritt gewesen sein, letztlich aber müssen wir von Christus ausgehen, von ihm, der nicht geteilt ist!

Dietrich Bonhoeffer beschreibt diesen Ausgangspunkt besonders treffend: »Bruder ist einer dem anderen allein durch Jesus Christus. Ich bin dem anderen ein Bruder durch das, was Jesus Christus für mich und an mir getan hat; der andere ist mir zum Bruder geworden durch das, was Jesus Christus für ihn und an ihm getan hat. Dass wir allein durch Jesus Christus Brüder sind, das ist eine Tatsache von unermesslicher Bedeutung ... Wir haben einander nur durch Christus, aber durch Christus haben wir einander auch wirklich, haben wir uns ganz für alle Ewigkeit.«[2]

Nehmen wir als Ausgangspunkt also den auferstandenen Christus, der Menschen aller Stände und Schichten, aller Sprachen und Kulturen und selbst verfeindeter Völker in eine einzige Gemeinschaft zusammenführt. Deshalb haben wir Christen die Pflicht, mit all unserer Verschiedenheit nach sichtbarer Gemeinschaft zu suchen.

Ziehen wir unter ein gemeinsames Dach!

Dieser neue Ausgangspunkt führt mich zu einem zweiten Vorschlag: Müssten die christlichen Kirchen nicht den Mut haben, »unter ein Dach« zu ziehen, obwohl noch nicht alle theologischen Fragen geklärt sind? Dieser Schritt verlangt viel Fantasie. Aber der Heilige Geist kann sie uns schenken.

Es wird immer Unterschiede geben. Sie werden uns stets zum offenen Dialog auffordern, um uns gegenseitig bereichern zu lassen. Ist es nicht an der Zeit, das uns Gemeinsame an die erste Stelle zu setzen, nämlich unsere christliche Identität, die wir als Getaufte haben? In allen Kirchen wird bis heute die konfessionelle Identität betont: Man ist in erster Linie katholisch, evangelisch oder orthodox. Eigentlich müsste die Tatsache, dass wir Getaufte sind, an erster Stelle stehen![3]

In unserer Communauté in Taizé leben evangelische und katholische Brüder zusammen, die damit die zukünftige Einheit vorwegnehmen möchten. Wir tun dies in einem konkreten »Austausch der Gaben«, indem wir mit den anderen das teilen, was wir für uns als eine Gabe Gottes betrachten, und gleichzeitig anerkennen, dass Gott auch den anderen Schätze anvertraut hat. Papst Franziskus beschreibt diesen Weg so: »Es handelt sich nicht nur darum, Informationen über die anderen zu erhalten, um sie besser kennenzulernen, sondern darum, das, was der Geist bei ihnen gesät hat, als ein Geschenk anzunehmen, das auch für uns bestimmt ist.«[4]

So empfangen wir Brüder seit Anfang der 1970er Jahre mit Einverständnis des damaligen Ortsbischofs alle die Kommunion der katholischen Kirche. Dies war für uns die einzige Möglichkeit, gemeinsam die Kommunion zu empfangen. Bereits Jahre zuvor hatten die Brüder festgestellt, dass die Gegenwart katholischer Brüder in der Communauté für sie ein Ansporn war, nach einer immer tieferen Gemeinschaft mit dem Bischof von Rom zu suchen. Sie waren sich bewusst, wie wichtig der katholischen Kirche die sichtbare universale Gemeinschaft in Christus schon immer war. Die Brüder der Communauté, die aus evangelischen Familien stammen, gehen diesen Weg, ohne in irgendeiner Weise ihre Herkunft zu verleugnen; der Glaube gewinnt für sie dadurch vielmehr an Weite.

Die Brüder aus katholischen Familien sehen eine Bereicherung darin, sich im Sinn des Zweiten Vatikanischen Konzils den Gaben der Kirchen der Reformation zu öffnen. Diese betonen in besonderer Weise bestimmte Wirklichkeiten des Evangeliums: Gottes Handeln ist in keiner Weise vom Verhalten des Menschen abhängig, Gott schenkt seine Liebe unverdient; in seinem Wort kommt Gott auf die Menschen zu, die es hören und in die Tat umsetzen; das Vertrauen des Glaubens führt zur Freiheit der Kinder Gottes, und im gemeinsamen Gesang dringt das Wort Gottes tief in uns ein.

Schon in frühen Jahren hat unsere Communauté versucht, ihre Gemeinschaft mit der orthodoxen Kirche zum Ausdruck zu bringen. 1965 sandte der ökumenische Patriarch Athenagoras von Konstantinopel Mönche nach Taizé, um für mehrere Jahre das monastische Leben mit uns zu teilen. Frère Roger hat sehr geduldig eine vertrauensvolle Beziehung mit der Russisch-Orthodoxen Kirche aufgebaut, die bis heute besteht. Die Auferstehung – die Auferstehung Christi und auch unsere eigene – sowie die Rolle des Heiligen Geistes in der Kirche sind auch für uns der Mittelpunkt unseres Glaubens, genauso wie für die Christen des Ostens. Die Lehre der Kirchenväter ist auch für uns von großer Bedeutung. Dieses ökumenische Zusammenleben ist für uns im Alltag selbstverständlich geworden. Natürlich bringt es Einschränkungen mit sich und verlangt Verzicht. Aber es gibt keine Versöhnung ohne Verzicht.

Man kann die Geschichte von Taizé als Versuch sehen, gemeinsam unter einem Dach zu leben: Wir Brüder stammen aus fast 30 verschiedenen Ländern, wir leben unter dem Dach eines Hauses und kommen zum gemeinsamen Gebet drei Mal am Tag unter dem Dach der Versöhnungskirche zusammen.

An diesem gemeinsamen Gebet in Taizé nehmen Jugendliche aus allen Gegenden der Welt teil – unter ihnen katholische, evangelische und orthodoxe Christen. Sie teilen miteinander ihre Suche nach Gott genauso wie das tägliche Leben, die Mahlzeiten und die anfallenden Arbeiten. Auf diese Weise sind auch sie Teil dieses »Gleichnisses der Gemeinschaft«, das die Communauté verwirklichen will. Sie versuchen nicht, ihren Glauben auf einen »kleinsten gemeinsamen Nenner« zu bringen oder ihre Wertvorstellungen einzuebnen, dennoch machen sie die erstaunliche Erfahrung einer tiefen Einheit.

Diese jungen Menschen machen eine Erfahrung von Gemeinschaft, auch wenn sie dies nicht so bezeichnen, sondern eher von Freundschaft sprechen, von Miteinander-Teilen, von gegenseitigem Respekt, Zusammensein, Kennenlernen und Ähnlichem.

Im Grunde genommen machen sie damit eine Erfahrung von Kirche: Sie entdecken die Schönheit dieser Gemeinschaft, auch wenn sie es vielleicht anders ausdrücken. Sie staunen und fragen sich, was sie so tief verbindet: Wie kommt es, dass so unterschiedliche Menschen einander verstehen, obwohl sie verschiedenen Konfessionen, verschiedenen Kulturen und manchmal sogar Völkern angehören, zwischen denen Krieg herrscht? Manche finden dann in Gott, in Christus die Quelle einer Einheit, die über alle Grenzen hinweggeht. Man könnte sagen: So wichtig es ist, über den Glauben und die Kirche zu sprechen – es muss stets eine Erfahrung von Gemeinschaft vorausgehen. Wenn es uns Brüdern möglich ist, die Einheit vorwegzunehmen, und wenn Jugendliche sich im Rahmen der Jugendtreffen in Taizé daran beteiligen können, warum wäre dies nicht auch woanders möglich?

Aus diesem Grund sage ich oft zu den getrennten Christen: Warten wir nicht länger, begeben wir uns unter ein gemeinsames Dach! Wenn alle Christen eine Familie bilden, wäre es doch das Normalste auf der Welt, unter einem Dach zu leben und nicht zu warten, bis alle einer Meinung sind!

Christus gibt die Einheit, wann und wie er will; sie ist ein Geschenk. Aber wir müssen dieses Geschenk auch annehmen! Wie kann Christus uns die Einheit schenken, wenn wir uns nicht unter ein gemeinsames Dach begeben? Die Apostel, Maria und einige andere Frauen und Männer haben den Heiligen Geist empfangen, als sie unter dem Dach des Obergemaches in Jerusalem beisammen waren. Genauso vereint uns der Heilige Geist mit all unserer Verschiedenheit!

Wie können wir diesen Schritt konkret vollziehen? – In den vergangenen zwei Jahren habe ich bereits bei verschiedenen Gelegenheiten folgende Anregungen gegeben:

1. Wir können uns innerhalb unserer Ortsgemeinde, zwischen Nachbarn und Familien wie eine Art »Basisgemeinde« zusammentun, um gemeinsam zu beten, um uns gegenseitig zu helfen und uns näher kennenzulernen.

2. Beispiele einer gemeinsamen Bibelarbeit zwischen Gemeinden verschiedener Konfessionen, eines gemeinsamen Sozial- und Seelsorgedienstes sowie eines gemeinsamen Religionsunterrichts gibt es bereits. Diese Zusammenarbeit ist noch ausbaufähig: Jede Gemeinde könnte mit den Christen der anderen Konfessionen alles gemeinsam tun, was gemeinsam getan werden kann. Man könnte sich vornehmen, nichts mehr zu unternehmen, ohne die anderen mit einzubeziehen.

3. Könnte nicht der Dom oder die Hauptkirche an vielen Orten zu einem Haus des Gebets für alle Christen der Stadt werden?

4. Der theologische Dialog muss weitergehen! Doch könnte er nicht noch mehr als bisher im Rahmen eines gemeinsamen Gebets geführt werden aus dem Bewusstsein heraus, dass wir bereits beisammen sind? Wo man zusammenlebt und gemeinsam betet, werden auch die theologischen Fragen anders angegangen. Vielleicht gilt das Gleiche für die Behandlung ethischer Fragen.

5. Alle Glaubenden sind dazu berufen, füreinander Sorge zu tragen. Die Kirche braucht aber auch auf den verschiedenen Ebenen ein Dienstamt der Einheit. Auf Weltebene ist dies traditionellerweise mit dem Bischof von Rom verbunden. Könnte man ihn nicht als Diener anerkennen, der für die Eintracht seiner Brüder und Schwestern in ihrer großen Verschiedenheit Sorge trägt? Könnten die einzelnen Kirchen nicht mit diesem Dienstamt verbunden sein, wenn auch auf unterschiedliche Weise? Ist dies im Übrigen nicht, zumindest ansatzweise, schon mancherorts eine unausgesprochene Wirklichkeit?

6. Müssten die Kirchen, die so sehr darauf bestehen, dass für den gemeinsamen Kommunionempfang die Einheit im Glauben und das Einverständnis über das Amt Voraussetzung sind, nicht mit ebenso großem Nachdruck auf der Einmütigkeit in der geschwisterlichen Liebe bestehen? Ich denke dabei an die katholische und orthodoxe Kirche. Könnten sie nicht denen, die ihre Sehnsucht nach Einheit bekunden und an die Realpräsenz Christi glauben, eine weitreichendere eucharistische Gastfreundschaft gewähren? Die Eucharistie ist nicht nur der Höhepunkt der Einheit, sondern auch der Weg zu ihr.

In diesen Vorschlägen geht es ganz wesentlich um gegenseitige Gastfreundschaft, wobei ich dabei nicht nur an die eucharistische Gastfreundschaft denke.[5] Eine Ökumene der Gastfreundschaft! Wenn wir diese noch mehr ins Zentrum stellen würden, läge der Schwerpunkt nicht mehr so sehr auf der Arbeit von Dialogkommissionen, sondern auf dem Leben und dem Alltag der Gläubigen. Die interkonfessionelle wie übrigens auch die interreligiöse Gastfreundschaft setzen ein Bemühen um »Übersetzung und Vergebung« voraus sowie die Anerkennung des jeweils anderen. Gastfreundschaft ist auf das Vertrauen angewiesen, dass der andere es genauso ehrlich meint wie ich.

Ich möchte damit sagen: Wahre Gastfreundschaft verlangt zunächst einmal, dass wir uns die Mühe machen, uns in den anderen hineinzuversetzen und ihm unsere Glaubens- und Frömmigkeitsformen zu erklären. Diese sind für den anderen wie eine fremde Sprache, die wir ihm übersetzen müssen. Das verlangt viel Geduld, und wir gelangen damit nie ans Ende: dem anderen zuhören, seine Worte in meine eigene Sprache übersetzen, dabei hinnehmen, dass ein Teil des Gesagten unübersetzbar bleibt, und trotzdem gemeinsam weitergehen.

Weil wir dem anderen nie alles übersetzen können, sind Begegnung und Gastfreundschaft nicht ohne Vergebung möglich, wo Intoleranz und Ablehnung des anderen das geschwisterliche Zusammenleben verletzt haben. Man kann Vergebung jedoch nicht einfordern, genauso wenig wie man Barmherzigkeit oder Gnade einfordern kann.

Gastfreundschaft bedeutet auch, den anderen als anderen anzuerkennen. Könnten wir nicht dort, wo sich uns die Wahrheit des Glaubens eines anderen verschließt, zumindest die Aufrichtigkeit seines Glaubens und seiner Suche sehen? Dann können wir auch das, was wir an anderen nicht verstehen, als Geheimnis achten und staunend lernen, für den anderen dankbar zu sein. Dies brächte mehr Freude in unser ökumenisches Leben!

Gemeinsam der Wahrheit entgegengehen!

Aber ist es tatsächlich möglich, uns unter ein gemeinsames Dach zu begeben, ohne dass in allen theologischen Fragen Einverständnis herrscht? Ja, dessen bin ich mir ganz sicher. Und hiermit wäre ich bei meinem dritten Vorschlag: gemeinsam der Wahrheit entgegengehen – nicht jeder für sich!

Von Papst Benedikt XVI., der stets bemüht war, Relativismus zu vermeiden, stammt der wunderbare Satz: »Es ist unangebracht, in ausschließender Weise zu behaupten: ›Ich besitze die Wahrheit‹. Die Wahrheit ist niemals Besitz eines Menschen. Sie ist immer Geschenk, das uns auf einen Weg ruft, sie uns immer tiefer anzueignen. ... Die Wahrheit kann nur in der Freiheit erkannt und gelebt werden; denn wir können dem anderen die Wahrheit nicht aufzwingen. Nur wenn wir einander in Liebe begegnen, enthüllt sich die Wahrheit.«[6]

»Die Wahrheit ist niemals Besitz eines Menschen. Sie ist immer Geschenk!«, sagt Papst Benedikt. Müsste die Theologie in den verschiedenen Kirchen nicht demütiger werden und noch mehr der Tatsache gerecht werden, dass sich Gott nicht in unsere Gedankengebäude einsperren lässt? Hier kann uns die apophatische Theologie helfen, die in der Ostkirche eine große Rolle spielt und die in erster Linie hervorhebt, was Gott nicht ist, anstatt zu versuchen, Gott zu definieren.

Dies käme auch dem Anliegen der Reformatoren entgegen, die stets die Unverfügbarkeit Gottes betont haben und jeden Tauschhandel mit ihm ablehnten: Gott ist frei, unvorhersehbar, und seine Barmherzigkeit ist größer als alles, was wir uns vorstellen können. So ist jeglicher Handel mit ihm ausgeschlossen; wir können Gott zu nichts zwingen.

Dennoch bedeuten Freiheit und radikale Transzendenz Gottes nicht, dass die Wahrheit unerreichbar wäre. Nach den Worten des Evangelisten Johannes wird der unsichtbare und alles übersteigende Gott zugänglich in der Person Jesu und in der geschwisterlichen Liebe. »Niemand hat Gott je gesehen. Der Einzige, der Gott ist und am Herzen des Vaters ruht, er hat Kunde gebracht.«[7] Und an anderer Stelle schreibt Johannes: »Niemand hat Gott je geschaut; wenn wir einander lieben, bleibt Gott in uns und seine Liebe ist in uns vollendet.«[8] Für Johannes gibt es nur einen Weg, um in der Wahrheit Christi zu bleiben: zusammenzukommen und uns gemeinsam auf den Weg zu machen. Das ist, was Papst Benedikt mit den Worten ausdrückt: »Nur wenn wir einander in Liebe begegnen, enthüllt sich die Wahrheit.«

Ich möchte das Gesagte anhand der in der Apostelgeschichte überlieferten Begegnung zwischen Petrus und Kornelius veranschaulichen: Diesen beiden Menschen geht, indem sie sich begegnen, eine Wahrheit auf, die weder der eine noch der andere von ihnen vorher kannte:

In Cäsarea befiehlt ein Engel dem römischen Hauptmann Kornelius, einen gewissen Petrus aus Joppe holen zu lassen. Kornelius hat keine Ahnung, um wen es sich handelt. Zur gleichen Zeit hat Petrus in Joppe eine eigenartige Vision: Er soll alle möglichen als unrein betrachteten Tiere essen – »Vierfüßler, Kriechtiere der Erde und Vögel des Himmels«. Weder Petrus noch Kornelius verstehen, was geschieht.

Als die Boten des Kornelius zu Petrus kommen, begreift dieser zwar, dass er mitgehen soll, aber nicht, warum. Und als er in Cäsarea ankommt, weiß auch Kornelius noch nicht, was Gott ihm durch diesen Jünger Jesu sagen will.

Erst im Haus des Kornelius beginnt Petrus zu begreifen, was die Vision, die er hatte, bedeutet, nämlich dass man »keinen Menschen unheilig oder unrein nennen« und meiden darf und dass er mit seinem Besuch bei dem Römer Kornelius nicht gegen das Gesetz verstößt. Petrus erzählt also, was er über Gott und Jesus weiß. Und zu seinem großen Erstaunen wird der Heilige Geist über Kornelius und die Seinen – also über Nicht-Juden – ausgegossen.[9]

Weder Petrus noch Kornelius wussten im Voraus, was ihnen geoffenbart werden sollte, nämlich dass Gott auch den Nicht-Juden »die Umkehr zum Leben geschenkt hat«. Genauso wenig wie Kornelius hätte Petrus für sich allein die Wahrheit gefunden, obwohl er, der Apostel, doch in einer festen Beziehung zu Christus stand. Erst unter einem Dach und an einem gemeinsamen Tisch[10] konnte sich ihnen die Wahrheit offenbaren.

Die Wahrheit eröffnet sich nur in einer Begegnung der Liebe. Wir werden als Christen erst dann zu dem, was wir sind, wenn wir uns gemeinsam auf den Weg machen. So stellt sich uns die Frage: Bringen wir den Mut auf, uns unter ein gemeinsames Dach und an einen gemeinsamen Tisch zu begeben, um zusammen der Wahrheit entgegenzugehen, die sich nicht anders offenbaren kann?

Im Dokument »Vom Konflikt zur Gemeinschaft«[11] steht: »Lutheraner und Katholiken müssen sich selbst ständig durch die Begegnung mit dem anderen und durch das gegenseitige

Zeugnis des Glaubens verändern lassen.« Es ist wahr: Begegnung verändert; Petrus und Kornelius haben dies erfahren. Veränderung kann schmerzhaft sein, wenn dabei unsere inneren Widerstände zutage treten, all das, worin wir die anderen insgeheim ablehnen oder verurteilen. Aber gerade dort offenbart sich die Wahrheit unserer Einheit, die sich nicht zeigen kann, solange jeder für sich bleibt.

Es war für Petrus kein leichter Schritt, zu Kornelius zu gehen und seine Gastfreundschaft anzunehmen. Sofort wurden ihm von seinen Mitchristen Vorhaltungen gemacht. Aber die Apostelgeschichte berichtet auch, wie sich die Betroffenen, sobald sie die Wahrheit erkannten, »beruhigten und Gott priesen«.

Die Schönheit der Berufung der Kirche

Wenn die Christen – sei es an einem Ort, in einer Stadt, in einem Land oder auch weltweit – versuchen, sich in Liebe zu begegnen wie Mitglieder ein und derselben Familie, wie Bewohner eines gemeinsamen Hauses, dann legen sie Zeugnis ab für den Frieden Christi und können selbst noch in schwierigsten Situationen Frieden stiften.

Viele Christen und die meisten Kirchen und christlichen Gemeinschaften möchten gemeinsam Zeugen des Friedens sein. Die ökumenischen Gespräche haben Wege dazu gebahnt. Zögern wir also nicht länger, die Konsequenzen daraus zu ziehen und gemeinsam weiterzugehen! Gehen wir von Christus aus, der nicht geteilt ist; begeben wir uns unter ein gemeinsames Dach und gehen wir gemeinsam der Wahrheit entgegen!

Damit betreten wir Neuland und müssen wir uns auf das Wort des Propheten Jesaja stützen, der sagt: »Die Blinden will ich auf dem Wege leiten, den sie nicht wissen; ich will sie führen auf den Steigen, die sie nicht kennen. Ich will die Finsternis vor ihnen her zum Licht machen.«[12]

Wir vertrauen uns dem Heiligen Geist an, der uns auf Wege führt, auf denen wir noch nie gegangen sind. Er zeigt uns, wie wir zu wahrhaftigen Zeugen der Gemeinschaft werden.

---

[1] Joh 11,52.

[2] DIETRICH BONHOEFFER, Gemeinsames Leben, Gütersloh 1993²⁴, S. 21f.

[3] GROUPE DES DOMBES, Für die Umkehr der Kirchen. Identität und Wandel im Vollzug der Kirchengemeinschaft (»Pour la conversion des Eglises«), Frankfurt a. M. 1994.

[4] Evangelii Gaudium, Nr. 246.

[5] Für die folgenden Abschnitte verdanke ich wertvolle Anregungen der Doktorarbeit von BEATE BENGARD, Rezeption und Anerkennung: Die ökumenische Hermeneutik von Paul Ricœur im Spiegel aktueller Dialogprozesse in Frankreich, Göttingen 2015.

[6] PAPST BENEDIKT, Ecclesia in medio oriente, 2012, Nr. 27.

[7] Joh 1,18.

[8] 1 Joh 4,12.

[9] Vgl. Apg 10–11.

[10] »Als nun Petrus nach Jerusalem hinaufkam, hielten ihm die gläubig gewordenen Juden vor: Du hast das Haus von Unbeschnittenen betreten und hast mit ihnen gegessen« (Apg 11,2–3).

[11] LUTHERISCHER WELTBUND und PÄPSTLICHER RAT ZUR FÖRDERUNG DER EINHEIT DER CHRISTEN (Hg.): Vom Konflikt zur Gemeinschaft, 2013.

[12] Jes 42,16.